U0794372

KUWEI
酷威文化
图书 影视

向上管理

与你的领导相互成就

萧雨　著

MANAGING UPWARD

江苏凤凰文艺出版社
JIANGSU PHOENIX LITERATURE AND ART PUBLISHING, LTD

目 录

CONTENTS

1 Chapter
初入职场：读懂你的领导

2 Chapter
明确定位：何时做将军，何时为士兵

3 Chapter 强化使命：忠诚是最重要的职场品质

4 Chapter 练好内功：实力是最好的话语权

5 Chapter
另辟蹊径：将困境变成机遇

6 Chapter
借力打力：让领导成为你的资源

1 *chapter*

初入职场

读懂你的领导

一个初入职场的“职场小白”，从学校的“乌托邦”，踏入社会的“大染缸”，面对新的环境、新的人际关系、新的管理模式，难免心生忐忑。所谓“万事开头难”，担忧是不可避免的。但恰恰“好的开端是成功的一半”，迈好职场第一步，对于在职场中生存立足，乃至今后的职场发展，都具有至关重要的作用。那么，应当如何迈好职场第一步呢？不妨，先从“读懂你的领导”开始。

领导是每一个职场人踏入职场大门后，最先接触到的一批人之一，并极有可能与我们相伴度过接下来漫长的职业生涯。每一个职场人都拥有至少一位可以直接影响自己情绪状态、日常工作及职业前景的领导，领导是我们职业成长的助力者，是我们职业发展的奠基人。如何与领导相处，会直接关系到日常工作能否顺利开展，以及个人能否成长与进步。

相比工作日久的同事，我们在职场生涯中所面对的领导，或许在数量上没有那么多，与其关系的亲密程度也相对疏离。但与领导的关系，足以影响到每一个职场人的生存与发展，这无疑是职场关系的重中之重。特别对于初入职场的“职场小白”来说，更是如此。人际关系大师哈维·麦凯曾经有这样一句名言：“干好本职工作是一回事，获得领导的认可是另一回事。”我们常常会发现，在职场上游刃有余的人，并不一定能力超群，却很可能通晓与领导的相处之道。不必为此愤愤不平，相处之道与专业能力一样，也是影响职业成长的必要因素。与领导相处并不意味着溜须拍马、阿谀逢迎，并不是一件见不得光、不足为道的事情。相反，相处是一门学问，学会如何与领导相处，是每一个职场人必须学好的重要一课。而良好相处的第一步，在于“读懂你的领导”。

读懂领导，不回避，不抗拒，知己知彼，才能迅速进入职场角色，融入职场生活。读懂领导，参透领导的心思，踏准领导的节拍，才能在职场中少碰壁，不使自己的努力成为无用功。读懂领导，才能建立互动性默契关系，找到与领导间的最大公约数，在推动日常工作优质高效开展的同时，实现自身的光速成长，彻底告别“职场小白”。

◇ 领导不可怕

你会害怕你的领导吗？大多数职场人的回答是“是的”。无论是见到领导时不自觉地拘谨、少言，或是想到领导时不经意的心头一紧，甚至是不愿与领导单独谈话、看到领导便想远远逃开，这些都是害怕领导的表现。

“怕领导”比“领导”更可怕

对于领导的畏惧是一种较为普遍的职场现象，会或多或少地出现在几乎每一个职场人的身上。“怕”是一种动力，也是一种约束。畏惧是必要的，因为畏惧意味着服从，而领导的本质恰恰在于能够在一定条件下，指引和影响个人或组织，实现某种目标的行动过程。然而，过度的畏惧却是有害的。畏惧会在一个人成功的道路上构筑障碍，使其成为弱者。对领导的畏惧会影响与领导的正常交流沟通，影响你对领导的认知以及领导对你的了解，还会影响你对领导决策的把握和执行能力，进而导致你错失诸多机遇，甚至出现许多本可避免的错误。严重的，甚至会让人产生一种职场排斥反应，影响正常的职业生活，以及职业发展前途。

领导，其实并没有想象中的那么可怕。所谓领导，只是一种正常人际互动的产物。在人际互动中，施展指引与影响作用的人通常被称为“领导者”，相应地，接受指引并负责执行的人便被称为“被领导者”。领导者与被领导者，并不是两种截然不同的身份，而是人际互动中两种不同的角色。对于大多数人，领导者与被领导者往往是一体两面的关系，无论在什么行业什么岗位，大多职场人通常会集领导者与被领导者两种角色于一身。简单来讲，领导的上面通常还有领导，被领导者通常也拥有自身领导的对象。所谓领导并非天然就是领导，而是岗位职责赋予他在特定条件下承担领导责任，扮演领导角色。领导也是普通人，他们与被领导者一样，拥有自己的性格特征、兴趣偏好、喜怒哀乐，虽身处不同的角色位置，在人格上却是平等的。

领导并不可怕，真正应当害怕的，反而是“害怕领导”这件事。在每个人的职场生涯中，都不缺少领导的出现。斯坦福大学商学院教授凯瑟琳·肖曾运用数据分析的方式，以量化数据证明，好领导不仅能够极大提升员工的工作效率，还能激励员工更快实现职业目标，为员工乃至整个组织带去深远的影响。职场的经验也告诉我们，很大一部分员工离职的直接原因，在于拥有一个不称职的上级领导。理论与实践均证明，无论你愿意与否，领导是每一个职场人必须面对的，且对于每个人都具有超乎寻常的意义。"害怕领导"其实是一种自欺欺人的行为，恐惧并不能将领导从你的职场生活中抹去，反而会为你带来不必要的心理负担。

"害怕领导"最为直接的危害在于会诱发逃避心理，逃避心理会使你尽可能地选择远离领导，远离与退缩势必造成你与领导之间彼此的不了解，而彼此的不了解又会为沟通的开启形成新的障碍。于是，越是害怕领导，越会选择回避退缩；而越是回避退缩，越难以建立直面领导的勇气。久而久之，便会陷入一种恶性循环。

对于领导的畏惧，最终会在你与领导之间筑起一堵无形的墙，迫使你与领导成为"熟悉的陌生人"。最终结果，是造成严重的信息不对称，影响日常工作的顺利开展，以及个人的职业发展。你会无法了解领导的心思，甚至会对领导的想法形成误判。此时，再辛勤的工作也容易成为无用功，甚至可能产生副作用。有努力，无回报，工作的热情一点点减退，你在工作中开始变得消极懈怠、畏首畏尾。同时，领导对你也并不了解。考虑评优、加薪、升职的人选时，你便被很自然地排除在外。但这些还不是最可怕的，更为严重的是，信息不对称会使谣言与中伤拥有可乘之机，消磨你与领导之间的信任，并最终导致工作关系的破裂。

害怕领导时，我们究竟在害怕什么

其实，“领导不可怕”这个道理大多数人都懂，因畏惧而远离领导的坏处也是显而易见的，但在现实中，“不害怕”说起来容易，做起来却并不简单，因为大多数人所害怕的并不是领导这个人本身。那么，当害怕领导时，我们究竟在害怕什么呢？

大多数时候，害怕领导是源于害怕领导的权威。害怕权威是对权力的自愿服从，是一种自我保护的方式。就像幼年时害怕的家长与老师一样，领导是在职场阶段权威的代表。领导手握奖惩大权，与你有着直接的利害关系。于是你开始害怕领导，害怕自己的表达不够恰当，害怕自己无意中触到领导的逆鳞。毕竟“伴君如伴虎”，相处难免会有矛盾，难免会犯错误。而在惩罚错误上，领导显然比你更具有主动权。潜在的惩罚风险固然可怕，但更可怕的，是难以对领导心思形成准确预判的忐忑。领导通常与下属员工保持一定的距离，使其变得神秘而难以捉摸。当面对这样一个既神秘又拥有强大能量的人的时候，你知道他的想法与决策会对你的切身利益造成巨大的影响，却又不知道他究竟会对你造成怎样的影响。此时，“怕”便成为一种正常的生理反应。

对于领导权威，大多数人会拥有一种天然的畏惧心理。而当拥有职场受挫经历时，这种对权威的畏惧会越发强烈。于是你会发现，当处于不安全的工作环境（例如面临裁员威胁）、工作进展不顺利或犯错误时，会格外害怕领导的出现。因为内心会将自己的担忧投射出去，认为权威会识破自己的表现，进而有所畏惧。此外，不愉快的过往可能会使你对领导本能地产生逃避。例如在被领导狠狠批评过之后，再见到领导时总会想起他当时批评你的样子，因而感到畏惧。即使进入一家新的组织，面对一个新的领导，那些曾经与领导的不愉快记忆仍可能潜伏在某个角落，只等在相似的场景下，于新领导面前迸发出来。所谓“一朝被蛇咬，十年怕井绳”，偶然形成的防御心理会导致一种自然的、条件反射似的敌对反应，将领导与恐惧捆绑在一起。

除了对领导权威的畏惧外，害怕领导还可能源于对自己的不自信。领导往往掌握更多的资源，有能力，有魄力，独具领导魅力。在这种情况下，你会觉得领导比自己高出太多，自己难以达到领导的预期，进而产生一种辜负感，不愿接触，不敢面对。如此一来，不自信便外化为畏惧。

无论是害怕领导权威，还是对自己的不自信，归根到底都是将自己放在相对于领导的弱势地位上，了解不足，加上想象丰富，进而诱发的一系列的心理反应。与领导走得太近显得功利心太强，易受到同事的非议；只谈工作又显得太过疏离，拒领导于千里之外；主动出击感觉太冒失，可能适得其反，"赢"得领导的反感；被动等待又自觉太木讷，情商太低。还有场合，语气，用词，行为……越想，问题越多，下意识觉得与领导相处实在是一件太过可怕的事情。这时我们便需要掌握与领导的相处之道，了解在领导面前该怎么说、怎么做，讲方法、有策略地缓解尴尬、消除畏惧。

克服畏惧，直面领导

想得再多不如行动一次。事实上，这些复杂的内心活动不仅毫无意义，反而会加剧对领导的畏惧感。与领导相处是每个职场人不可回避的一大课题，而对领导及与领导相处时的过度想象，会形成一种基于心理的"真实"，只要没有实践的检验，这种你认为的"真实"便会代替真正的"真实"，永远存在于你的职场生活中。于是，任何领导在你眼中都会成为令人害怕的领导。与其被自己内心中领导的可怕幻象吓倒，不如克服畏惧，直面恐惧，告诉自己"领导不可怕"。通过沟通实践，还原一个真实的领导形象。

克服对领导的畏惧心理，首先应当将领导当作与你一样平等的"人"去看待。职位的不平等不代表人格地位的不平等，领导或许有权威、有经验、有魅力，但去掉社会属性的外衣，他和你一样，也是一个普普通通的“人”。领导不是完美的，不是无所不能的。事实上，无所不能的领导者反而是组织发展最大的阻碍。优秀的领导者不是无所不能，而是能够引领方向、统筹协调，充分挖掘每一个下属员工的潜力，集合无数优秀的人，共同推动组织的发展。因此，领导在很多方面的能力，很可能不如你强，之所以聘用你，恰恰是因为你对他很有作用，可以帮助他完成自己独立无法完成的事情。领导固然优秀，但你也不差。你拥有自己的学识、才华和能力，拥有自己独特的价值。你不是领导的附庸，而是自己的主人。因此，不要过分担心是否能给领导留下好的印象，或为迎合领导刻意改变自己。你可以在与领导的交往中掌握主动权，不要退缩、回避。既要认可他们的权威、尊重他们的职位，又要不卑不亢，以真诚的心、自然的状态面对，越是自然，越不会感到畏惧。

其次，与领导相处是一门重要的学问，学会方法很有必要。本职工作做扎实，对领导可能关注的问题做好必要的准备，不至于使自己陷入完全被动的局面。聊天有道，学习必要的沟通技巧，不至于将天聊死，陷入难堪的境地。敏锐捕捉领导的想法，了解领导的做事风格，既能投其所好，又能为领导分忧，这也是一项优秀的工作技能。当然，方法的掌握与灵活应用不在一朝一夕。毕竟，与原本畏惧的领导勇敢相处，也是需要循序渐进的。对于一个初入职场的“职场小白”来说，至少可以做到：倾听与微笑。

放平心态有勇气，掌握方法有底气，这样你就会发现，领导真的没有你想象的那么可怕。

◇ 踏准领导的节拍

鼓足勇气直面领导无疑是十分重要的，但只做到这一点还远远不够。频繁的互动接触，或许可以使你在领导面前“刷足存在感”，却不足以支撑你与领导之间和谐稳定关系的建立。只“看到”领导是不够的，关键要“读懂”领导，走进领导的内心深处。

面对令行禁止的理性派领导，要格外重视规则、证据与逻辑；而对于热情魅力的义气型领导，则要注意跟上他跳跃的思维，将那些看似天马行空的愿景变成现实。只有充分了解领导，才能做到“对症下药”，抓住那些交往中需要格外注意的“点”。由此，才能踏准领导的节拍，想领导之所想，急领导之所急，成为领导眼中的“最佳人选”。

参透领导风格的玄机

领导风格，是读懂领导的一大重要维度。领导风格简单来说就是领导的行为模式，即领导者在领导活动中习惯采取怎样的方式。每一位领导都拥有与工作环境、经历、个性相联系的独特风格，这种风格在长期的个人经历与领导实践中逐步形成，并不自觉地运用于日常领导活动中，具有较强的个性化色彩。长期以来，对于领导风格的理论与实践研究从未中断，掌握关于领导风格的知识已经成为当代职场人的一门必修课。

在对领导风格的诸多研究中，最为著名的是组织行为学家保罗·赫塞和管理学家布兰查德在20世纪60年代提出的情境领导理论。在这一理论中，领导风格按照工作行为和关系行为的组合划分为告知型、推销型、参与型、授权型四类。其中，工作行为是指领导向被领导者发布工作命令的行为，包括发布工作命令的语气、态度、方式等。工作行为指数越高，领导的指导性行为越多。而关系行为是指领导满足被领导者心理需求的行为，包括倾听、奖惩、信任建立等。关系行为指数越高，领导的支持性行为越多。告知型领导具有指导性行为多、支持性行为少的风格特征；推销型领导指导性行为多、支持性行为多；参与型领导指导性行为少、支持性行为多；授权型领导指导性行为少、支持性行为少。

四种类型各具特色，相处之道各不相同。

1. 告知型领导风格

告知型领导风格的领导，倾向于给予被领导者明确的工作指导，并进行近距离的监督。这类领导习惯于将自己摆在指挥者的位置上，详细而精确地告知下属员工，自己希望他们去做什么、达到怎样的目的，并会指导下属员工实现这一目标。他们通常态度比较强势，强调责任与权威，甚至有些时候显得一意孤行。面对这样的领导，在与其相处之时，应格外重视尊重与服从，学会在强势的领导面前委婉表达自己的诉求。此外，他们通常十分务实，甚至会细致到关注制订计划、编制工作进度表、建立作业标准等细节。这使得与其相处时，应格外重视规则制度，并努力取得良好的工作绩效，用实力说话。

2. 推销型领导风格

推销型领导风格的领导，倾向于对被领导者采取倾听、鼓励、允许出错的态度，关注被领导者的薪资福利、前景发展等多方面诉求，鼓励被领导者参与到日常决策当中。这类领导习惯于将自己摆在沟通者的位置上，将工作的计划、方式、原则等摆在桌面上，与被领导者共同讨论。面对这样的领导，在与其相处之时，应积极表达自己的观点与诉求，主动参与到对工作目标、方式等话题的讨论当中。使领导感受到你对工作的热情，以及对创造、实现工作目标的强烈参与感和奉献精神。此外，他们的态度通常是友善、开放的，强调平等与尊重，乐于倾听下属员工的心声。这使得与其相处时，应避免过分呆板、拘谨，尽量让领导感受到你在以真诚的态度，开诚布公地进行交流。

3. 参与型领导风格

参与型领导风格的领导，倾向于向下属员工征询意见和建议，鼓励下属员工自主思考、自主决策。这类领导习惯于将自己摆在参与者的位置，通过分享与讨论，实现决策最优化。面对这样的领导，应加强自身的知识储备与业务水平。此外，他们往往十分重视下属员工的自我表达能力，这种情况下良好的口才与缜密的逻辑可以帮助你在一众同事之中脱颖而出，获得领导的关注。

4. 授权型领导风格

授权型领导风格的领导，倾向于让被领导者自己决策并执行。这类领导奉行“无为而治”的领导哲学，给予下属员工充足的信任与发展空间。他们通常会描绘一个奋斗的愿景方向或要实现的目标，然后让下属员工自主探索目标实现的道路。面对这样的领导，首先应当端正心态，认识到他们并非是真的“什么都不懂”“什么都不做”，而是将自己的精力集中于大决策的制定上，将具体的落实操作权力交给下属员工。面对这样的领导，更加不能放松懈怠，应行使好领导赋予自己的权力，将领导的决策构想落到实处。

尽管对于领导风格，拥有诸多理论层面的研究。但领导风格并不是一个空泛的概念，而是切实地蕴含在日常工作的细节当中。在交流沟通方面，有偏爱文字表达的读者型领导，有偏爱面对面交流的听众型领导。在决策方式方面，有大权独揽、事必躬亲的专断型领导，有习惯于广泛征求他人意见的民主型领导，也有直接以团队协商意志代替个人决策的自由型领导。有些领导以“事”为中心，一切以效益为先；有些领导以“人”为中心，更强调拥抱优秀员工。有的领导是“细节控”，下属员工工作的一点一滴他都了解关注，毕竟“细节决定成败”；有些领导“粗线条”，业绩完成好、大方向正确就是好，毕竟“成大事者不拘小节”。

领导风格虽千差万别，但无关好坏。例如，专断型领导看似强硬固执、不受欢迎，却可以在纷繁复杂的舆论声浪中，使自己仍保持理性而独立的判断，进而推动组织实现令行禁止、高效集中的状态。重事型领导看似只关心工作、冷漠无情，却可以真正实现“对事不对人”，客观公平地对待每一位下属员工。因此，在剖析领导风格时，不应感情用事，而要一分为二，客观公正地看待问题。

另外，领导风格并非是一成不变的，而是根据时间、地点、面对的人与事的不同发生变化的。现实生活中，领导者的领导风格，往往是多种风格相融合的结果。因此，想要剖析领导风格，便不能仅凭经验武断，而要多接触、细观察、勤思考，在实践中找到答案。

把握领导的性格特征

领导性格，是读懂领导的另一大重要维度。性格是稳定的态度系统和惯行的风格特征，是个性心理特征的核心部分。由于先天素质的不同，以及后天社会生活实践的差异，形成了每个人千差万别的性格特征，领导也不例外。把握领导的性格特征，能够帮助你更好地去理解你的领导，大大降低你对领导产生误解或做出错误判断的可能性。毕竟，由于性格特征的差异，你的领导看待这个世界的方式，很可能与你大不相同。

在研究领域，心理学家会按照不同的原则，对性格类型进行分类。例如，按照知、情、意三者在性格中的比重大小，可以划分出理智型性格、情绪型性格和意志型性格。按照独立性的程度不同，可以划分出独立型性格与顺从型性格。按照心理活动特征，可以划分出内向型性格和外向型性格。按照价值取向，可以划分出理论型性格、经济型性格、审美型性格、社会型性格、权力型性格、宗教型性格等类型。此外，甚至还有按照体型、血型等标准，对性格进行分类的方式。

近年来，一种名为“九型人格”的性格划分方式风靡全球。不仅成为斯坦福大学等国际名校最热门的MBA课程之一，更是受到全球500强企业的青睐。九型人格不仅是一种精妙的性格分析工具，对代表性性格进行总结归纳，更为自我提升和历练，以及更好地了解他人，提供更深入的洞察。

1. 完美型人格

所谓“完美型人格”，其实并不完美，而是一个追求完美的“完美主义者”。完美型人格的领导奉行“高标准、严要求”，认真负责，讲求原则，不轻易妥协。他永远相信下属员工能够做到更好，也因此很少讲出称赞的话，而是频频指出工作中存在的问题。面对这样的领导，不要过分纠结于他的严厉态度及对你的批评指责。因为他性格如此，所以这份指责并非是针对你，而在于他发现了存在的不足。不妨想想，他也是这样苛刻地对待自己，且这些批评并非毫无道理。放平心态，忽略批评的态度，专注批评的内容，完美型人格领导可以帮助你更好地找到自己的不足之处，并锻炼出一颗强大的内心。

2. 助人型人格

助人型人格是一个“给予者”，他们善于付出但并不无私，而是通过良好的人际关系，潜移默化间达到自己的目的。助人型人格的领导善于发现下属员工的潜力，并可以很好地激发这种潜力。这类领导看似热情友善，总是将下属员工的诉求放在心上，沟通交流也常让员工可以放下戒备，推心置腹，但他的真实诉求、偏好，却可能是难以琢磨的。面对这样的领导，应当时刻保持清醒的头脑，看态度，更要看动机，不要盲目地认为自己就是他最看好的员工。那是他的性格使然，他会让每一个员工都认为自己是他最看好的一个，应当明白这种关心与付出都不是无偿的。当你盲目陷入“特别受赏识”的幻象之中，忘记领导真正想让你做到什么时，你会迅速被这类领导抛弃。

3. 成就型人格

成就型人格是一个“实干家”，他们是精力旺盛的工作狂，追求结果，讲求效率，喜欢将自己完全沉浸于工作当中。成就型人格的领导往往重视“工作”胜过重视“人”本身，下属员工必须争分夺秒才能赶上他的节奏。面对这样的领导，不要纠结于你似乎在情感上总是不能与他产生共鸣。因为他性格如此，工作就是他的追求。想要获得这类领导的赏识，与其在如何建立紧密的情感链接上愁眉不展，不如在工作上下足功夫。爱上工作，做好工作，自然会得到这类领导的赏识。

4. 自我型人格

自我型人格是一个“浪漫主义者”，他们触觉敏锐，高调独特，讨厌烦琐规则，追求与众不同。自我型人格的领导通常有天马行空的想象与不拘一格的行事作风。面对这样的领导，你常会感觉他“莫名其妙”“不靠谱”。不要被这种想法困住，他的性格就是如此，他的所作所为都不是随意而为。对于自己要实现的目标，他虽然没有明说，却已具有了清晰的认识，并坚信这一目标能够实现。对此，你只需做到相信，相信领导比常人看得更远，并努力帮助领导将那看似不切实际的想象变成现实。

5. 理智型人格

理智型人格是一个“观察者”，他们认为观察胜于参与，冷静理性，强调逻辑。理智型人格的领导相信，理性的分析可以在混乱中找到秩序，规则是最好的良药。相比走近下属员工，倾听员工的诉求，这类领导更喜欢远距离控制，因而显得冷漠而难以捉摸。面对这样的领导，你无须为自己在他心中的位置而苦恼。他可能时刻都在关注你，只是不愿意表达出来。这类领导并没有表面上看起来的那样不通情理，做好你该做的事情，他都可以看到、感受到。另外，不要违背规则，因为规则在这类领导心中拥有特别的分量。

6. 疑惑型人格

疑惑型人格是一个“忠诚的怀疑论者”，他们会提出各种问题，对别人提供的信息表示质疑，但同时又很忠诚，在解决问题、克服困难方面极具韧性。疑惑型人格的领导偏爱多问几个“为什么”，这种质疑有时会令下属员工扫兴，认为他与自己未建立起基本的信任。对于这些“为什么”，应当重视，但不应感到扫兴。因为他的质疑不是出于对你的不信任，而是一种思维习惯，以及对于工作负责任的态度。不妨顺着领导的思路认真思考一下，说不定他的“为什么”，会为你的工作开辟一条全新的思考路径。

7. 活跃型人格

活跃型人格是一个“享乐主义者”，他们精力充沛，活力四射，拥有无尽的创意与巧思。活跃型人格的领导很有想法，善于规划目标、委派任务，也善于沟通交际、拓展人脉，每天忙忙碌碌，似乎有做不完的工作。他们精于策划与社交，但缺乏耐心与常性，承诺与决策常有夸大，让人产生一种“画大饼”的不适感。不过不要为此感到愤怒，因为这份夸大并非刻意欺骗，而是个性使然。不妨多关注这类领导天马行空的想象，在其中挖掘可能实现的项目。或者向他学习一下组织与社交，这可是他的专长。

8. 支配型人格

支配型人格是一个“保护者”，拥有强大的控制欲，公正，负责，有毅力，渴望成为他人的保护人。支配型人格的领导一般性格强势，追求对下属员工实现事无巨细的管理。面对这样的领导，切记不要当面顶撞，因为这会犯了他的大忌。不妨将自己放在“被保护”的弱势地位，合理示弱，以柔克刚，表达自己的诉求，维护自己的权益。

9. 和平型人格

和平型人格是一个“调停者”，强调尽力顾全不同个体的需求，顾大局不损小利，维护组织的稳定、平和。和平型人格的领导一般个性温和，善解人意，乐于倾听每一位员工的诉求，强调共识的力量。循规蹈矩便是这类领导的一贯作风。但这类领导也可能会给人以畏首畏尾、缺乏魄力的感觉。面对这类领导，不妨多注意他平易近人的一面，这种对员工的平等与尊重，便是他性格的闪光之处。

除了“九型人格”的性格划分方式之外，还有一些性格划分方式颇为有趣。例如，将不同性格特征的领导类比为不同的动物。有自信、重权威、强控制的老虎型领导，有和善、感染力强、易情绪化的孔雀型领导，有处世圆滑、处处留有余地的变色龙型领导，有传统、含蓄、重规则的猫头鹰型领导，以及行事稳健、温和中庸的考拉型领导等。

不管划分方式有何不同，总体上讲，这些划分方式都仅仅列举了几种具有代表性的性格案例。案例纵然独具代表性，但也是十分有限的，而人的性格类型是无限的。对这些性格特征类型的列举，不是为了让你通过对照，找到自己的领导属于哪种类型，更多的是提供一种思路：性格无关好坏，不同的领导拥有不同的性格特征，应当理解、尊重，因人制宜，找到合适的相处之道。

明确操作，踏准节拍

看过这么多如此不同的领导类型之后，你是否能够判断出，你的领导究竟是一位怎么样的领导了呢？

正如世界上没有两片相同的叶子一样，每一个人都是不同的，每个人都拥有自己的性格特征、价值观念、处事风格，领导也不例外。人性是复杂的，包含行为、形体、情感、精神、认知、目的、历史、未来等十余个基本面。行为决定关系，形体造就特征，情感影响态度，精神成就气质，认知左右能力，目的决定计划，历史带来经验，未来设定理想。每个人都在时间与空间的作用下，呈现出多面性与多变性。甚至，一个人在自己眼中的样子，与他在旁人眼中的样子也可能是截然不同的。因此，真正读懂一个人是十分困难的。但长时间的接触、细致的观察、适当的方法，可以帮助我们离领导最真实的样子更近一些，尽可能还原出一个准确、全面、客观的领导形象。

应当明确一个观念：领导各不相同。不要用面对别的领导的经验，对这位领导做出判断，也不要凭借自己的想象，推测领导应该是什么样子的。无论领导的领导风格还是性格特征，都是既成的事实，不会因你的不喜欢而改变。与其苦恼领导为什么与你想象中该有的样子如此不同，不如接受现实，多挖掘领导身上的闪光点。凭借行为、语言、动作等客观要素对领导进行判断，更准确地认知到他是一个怎样的人，进而踏准节拍，成为领导心目中的优秀员工。

◇ 挖掘领导隐藏的深意

读懂领导是一门学问。领导的真实意图与想法往往不会直截了当地表达出来，可能会模棱两可、言不由衷。只从表面看领导说什么、做什么，往往不能踏准领导的节拍，必须从细微之处着手，听懂领导的弦外之音，读懂领导的身体语言，掌握由外貌到内心的识人技巧。

听懂“潜台词”

你能听懂领导讲的话吗？能听懂别人的话，在职场生活中尤其重要，特别是要能听懂领导所讲的话。领导拥有自己的说话之道，他们讲话时往往并不会直抒胸臆，而是习惯于借助“弦外之音”，为自己留有更大余地。因此，聪明的下属不仅要听懂领导讲话的表面意思，更要听懂领导讲话的潜台词。

听领导讲话时，切记不要“抠字眼”。很多时候，领导所讲的话只是为了表达一个态度。例如，“好好干，明年给你升职”是表达鼓励与认可；“有意见尽管提”是表达民主；“自己看着办就好，不用向我汇报”是表达信任；“占用大家几分钟开个短会”是表达体谅。当听到领导讲这些话时，千万不要局限在表层意思，这些话语的潜台词只是为了表达一个态度。否则，当你听到领导讲“明年给你升职”时，真的满心期望话语兑现，很可能会获得失望的结局。不如将这看作领导的一种认可态度，继续努力工作。如果没有升职，不会将其放大为领导的言而无信，感觉大失所望，影响自己的状态。如果真的获得升职，作为一个意外的惊喜也不差。

潜台词常出现在试探性的提问中，在这种情况下，领导已经掌握了一些信息，并拥有了一定的判断，但他并不确定这些信息与判断是否准确，为了给自己留有余地，便会在试探性的提问中埋下潜台词。例如，当领导问起“下午有事吗？”，往往代表下午有事情需要你去完成。当领导问起“最近怎么样？”或“某某工作完成得怎么样？”，往往并非单纯为了了解你工作的近况，而是已经了解到你工作中存在的一些问题，进行委婉地试探。当领导问起“你认为某某岗位怎么样？”或者“你觉得某某人怎么样？”，往往并非单纯为了了解你的见解，而是通过提问的方式，评估在你与该岗位或该人之间建立联系的可能，最后决定是否推荐你承担该岗位或让你与该人合作。总之，突然主动发问，往往暗藏玄机。

潜台词还是一种委婉的表达方式，直接的言辞可能会给自己或他人造成比较大的心理压力，埋藏潜台词，可以为双方留下余地。例如，当你提出一个方案时，领导说“这个想法不错，等我们再研究研究”或“这件事以后再议”，往往并不是真的想另找机会讨论，而是在委婉地表达否定。一般地，领导没有爽快地同意，就都是在委婉地表示拒绝。同样，当领导对你的议题态度冷漠，没有主动地询问相关信息，通常也表示他对这个议题持反对态度，或并不关心。

挖掘领导讲话背后的意义是重要的，但在解读这些潜台词时，应当注意其讲话时的语气、状态，不要将潜台词与特定的话语刻板地捆绑在一起。例如，当领导讲“干得不错”时，可能是真的称赞你最近工作做得出色，也可能是准备让你承担更多工作的激励话语，还可能是一句委婉的反话，提点你工作要注意点。有时领导会说“干得不错，但是……”，只为委婉地引出后面提出的问题。

同一句话，在不同的场景中，不同的语气表达下，内涵各不相同。因此解读潜台词时，应格外注意具体问题具体分析。

微动作，大文章

言谈间可能会暗含潜台词，动作更可能暴露潜在的想法。身体语言是一种特殊的语言，往往比口头语言更暗藏玄机。微动作是人体潜意识的本能体现，是真实内心的流露。小小的微动作，内有大文章。

当领导双手交叉抱胸，身体微微后仰，往往表示不认可你的言论。这种动作在心理学上被称为闭合式身体语言，是身体想要通过拉开距离实现自我保护的反应。看到这一动作，应当在最短的时间内结束你的侃侃而谈，考虑一下领导是不是对你的言论存在不同意见。与此相反地，身体前倾表示领导对你的发言充满期待，不妨及时开始你的陈述。如果领导伴随着你的陈述轻轻点头，则更是一个良好信号，通常代表他对你所讲的内容表示赞同。

眼睛是心灵的窗户，不同的眼神可能暴露领导内心真实的想法。如果在和你交谈时，领导眼神时常游离、目光飘忽不定，通常表示领导虽然在和你交谈，却对你的话题不关心，可能他心里在惦记着其他的事情，可能你的来访打断了他重要的行动。总之，此时应以尽量少的时间结束你们的这段交谈。相反，当领导在交谈中将目光长久地停留在你身上，往往代表你的话题成功引起了他的兴趣，他渴望获得更多信息。

同一个身体动作，只需细微的差别，便足以代表不同的信息。例如，清喉咙这一动作。发生在说话前，可能是为了提醒大家集中注意力，将有重要的事情宣布。发生在说话中，可能是为了转移话题，掩饰自己话语中的错误或者内心的焦虑。发生在倾听别人说话时，可能表示存在不同意见。再比如，托下巴这个动作。单手横向托下巴，往往代表专注，表示领导在认真听你讲话，并正在对你所讲的内容展开思考。同样是单手托下巴，当领导的手指一直不断地点鼻子时，则可能表示其没有专注于你的讲话，对你所讲不感兴趣。还有一种托下巴，拇指托着下巴，其他手指微微蜷曲放在嘴唇和下巴之间，这代表领导对你所讲的内容存在强烈的不认同。

因此，对于领导的身体动作，应向细微处观察，具体问题具体分析，毕竟细微之处见真章。

衣如其人

俗话说“衣如其人”，衣着被认为是人的“第二张脸”，蕴含一个人的个性特点与处事风格。衣着不仅能够装点外表，彰显一个人的精神气质，更能够展现一个人的内心世界。

国际通用的 TPO 原则，说明衣着也是一种语言。TPO 原则认为，人们在选择衣着时，通常会考虑时间（Time）、地点（Place）、目的（Object）的协调一致。因此，领导的衣着风格蕴含着其最想彰显的形象特征，并与其个性特点息息相关。例如，偏爱正装的领导通常做事认真，崇尚规则与秩序。运动装则更多地代表了崇尚个性与活力，管理风格较为随性自由。管中窥豹，可见一斑，领导的衣着风格，多少代表了其审美取向，以及性格特征。

心理学家研究表明，从一个人对衣着颜色及搭配的喜好，往往可以推测出一个人的性格特征。简单的色彩、朴素的搭配，往往代表领导严谨、认真，性格比较沉静、内向。相反，偏爱华丽色彩、复杂的搭配，则往往代表领导比较自信，性格相对强势，支配欲强。偏爱蓝色衣服的领导，往往工作态度认真，相对积极乐观。偏爱咖啡色衣服的领导，则多半性情温和，决断力差。

很多时候，衣着可以反映领导的偏好、习惯、个性，但也不能迷信这种法则。相比于语言、行为，外在衣着的习惯更容易被设计，也更容易被改变。对衣着的观察、分析，可以为你开辟一条了解领导的道路，为你能多角度走进领导真实的内心提供参考。

“一眼”不足以见真章

语言、动作、衣着，这些细微之处都可能帮助你更好地读懂领导。“以小见大”不无道理，但应当注意不要犯下“以偏概全”的错误，被“一眼之见”迷惑。“一眼”不足以见真章，对细节的观察固然重要，但不要因此对领导轻易做下判断，在某个特定的时间和地点观察到的行为，往往不足以反映领导内在的“真实品性”。“所见”不一定“即所得”，观察与判断需要在持续的交往与沟通中，反复进行验证与修正，才能得到不断趋近真实的领导形象。

不使判断成为偏见，首先应当做到多交流、勤沟通。一个看起来严肃、强势的领导，也可能内心十分温柔、善良。一个看起来“什么都不管”的领导，也可能对发生的一切都心中有数。管理大师德鲁克有这样一句名言：“不要把你的领导看作可怕的怒狮，他的温顺需要彼此的沟通才能施展。”所谓“日久见人心”，多接触才能多了解。

单方面提升沟通的频次是远远不够的，更何况大多数职场人与领导进行面对面直接沟通的机会也并不多。在积极争取更多沟通交流机会的同时，不妨抓住每一次与领导面对面的机会，使每一次沟通都变得有深度、有效果。深刻的沟通需要细致的观察、全身心的投入、全面的思考，有效沟通越频繁，接触到的信息量就越大，也就越能走进领导的内心世界。

要想读懂领导，对细节的观察固然重要，但提升“透过现象看本质”的能力更为重要。读懂领导需要观察，更需要思考。在掌握良好观察习惯的同时，更要学会良好的思考方式。例如，对表面现象的揣摩与推敲，有利于挖掘现象背后隐藏的动机，不至于被领导的外在表现迷惑。对多种场景下的现象综合比对，有利于形成全面性、完整性的认识，不至于犯下以偏概全的错误。而换位思考更是一种良好的思考方式，将自己放在领导的角度上思考问题，许多令人疑惑的行为难题，便会迎刃而解。

◇ 领导是不是不喜欢我?

职场小白往往会面临这样的场景：自己面对领导时，领导表情严肃，脸色凶巴巴的没有笑意；只犯了一点小错误，却收获了领导一顿狠狠的批评；分配工作时，别人工作满满，你却空空荡荡；汇报工作时，领导貌似在听，又似乎心不在焉……面对这样的场景，不能不使人产生这样的疑虑：领导是不是不喜欢我？

领导不喜欢这样的你

当你产生“领导是不是不喜欢我？”的疑虑时，不妨站在领导的角度上思考这一问题。想一下领导不喜欢怎样的员工，对照自身看看是否不幸踩中了陷阱，成为了领导所不喜欢的样子。

领导不喜欢能力不足的员工。领导之所以聘用员工，在于员工能够帮助其完成自己无法独立完成的工作。素质高、能力强的员工，能够创造更多的价值，与领导的配合更加默契，更能帮助领导实现既定的目标。反之，若员工本身能力不足，与领导工作配合吃力，领导绘就的宏伟蓝图便难以实现。若员工需要领导花费大量的时间去教导，或频繁失误影响整体工作进度，这样不仅无法帮助领导实现既定的目标，反而会起到“拖后腿”的负面作用。对于这类“不可用”的员工，领导的无奈、愤怒，甚至讨厌，都是不难理解的。

能力不足，固然是职场人的一大“硬伤”，但能力强的员工也未必都可以得到领导的认可。较为典型的，是能力超群但恃才傲物的一类员工。这类员工往往能力非常强，能够解决一般员工解决不了的难题，但也因此自视过高。这类员工有能力、有价值，但不易管理。他们工作出彩，又有想法、有个性，但常在不经意间挑战领导的权威，领导想用但“不敢用”。

同样是领导“不敢用”的，还有一类“耍滑头”的员工。这类员工工作能力或许不差，但工作态度不积极。相比于认真工作，这类员工更多地将精力花费在谋求个人利益上面。在领导的督促或激励下，他们可以将工作完成得不错。但一旦领导疏于对他们的管理，或者不慎触及他们的切身利益，这类员工便开始消极怠工，甚至有意让领导为难。更有甚者，“当面一套，背后一套”，将领导作为自己谋求私利的工具。对于这样的员工，领导着实是

“不敢用”的。

当然，还有一部分员工，能力不错，工作态度也较为认真，但依旧得不到领导的赏识。例如，有些员工性格内向，平日与领导接触不多，领导对其印象平平，也没有建立起感情链接，在考虑选拔任用的人员时，没有使其名列其中便也成为一件不难理解的事情。还有一些员工，爱管闲事、爱抱怨，“说者无意，听者有心”，抱怨的话传到领导的耳中，便在领导心中种下了芥蒂。还有的员工性格固执，心直口太快，时常令领导尴尬。也有的是独来独往，不结人缘，难以和团队成员相处融洽。对于这些类型的员工，能力可以，态度欠佳，看似没有太大问题，却难免使领导心存顾虑。可用，敢用，却“不想用”。

不可用，不敢用，不想用。当你怀疑“领导是不是不喜欢我？”之时，不妨仔细思考一下，你在领导的心中，是不是已经成为了这样的人。

不喜欢你的领导，会这样做

如果你觉得领导不喜欢你，那么这有可能是一种错觉。因为，“恐怖平衡”是管理者牵制下属员工的一种常用手段，严肃、冷漠都不一定等同于不喜欢。但这种直觉，往往又可能是真实的。不妨先搁置这种直觉，以观察代替草率的判断，搜寻你与领导相处中的蛛丝马迹，多方印证你的猜测。

当领导不喜欢你时，通常会采取回避的态度。此时，你在领导眼中就成了一个可有可无的人，既收不到赞美，也得不到批评。他开始对你的工作变得没有要求，只为你安排一些无关紧要的工作，或者索性不为你安排任何工作。甚至你想到的好点子、找到的好项目，也被无缘无故地指派给他人。当领导不喜欢你时，他会经常不回复你的信息，或者索性说“没空”。为避免和你有直接接触，他会尽量选择邮件、短信的方式，代替面对面交流，你甚至开始忘记他的面貌与声音。当然，他更不会关注你工作以外的事情。他不会与你谈起最近发生的大事、即将到来的假期，或者喜爱的书籍、电影。事实上，他对你的一切毫无兴趣。

当领导不喜欢你时，他会变得缺乏耐心。对于你提出的问题，他会敷衍了事，不愿进行深入的交流。对于你的发言，他会表现得漫不经心，不愿将注意力集中于你提出的话题。对于你提出的方案，他会直接否决，粗暴打断你所讲的话，甚至索性不给你发言的机会。当领导不喜欢你时，在你面前就容易变得冷漠、易怒，甚至摆出一系列消极的身体语言。例如，不对你笑，不与你进行眼神接触，双手叉在胸前，对你摆手等。这些动作，无不宣泄着领导对你的消极态度。

当领导不喜欢你时，他会对你表现出异于常人的排斥。对于你，他会表现出在其他同事面前不曾表露的恶劣态度。例如，大家都参加的会议或活动，却总是独独忘记让你去。征求大家的意见，却从不问你的看法。对别人态度温和，却总对你大发脾气。这一系列的行为，无不使你感到自己被领导“针对”了。

领导的这些举动，无不释放着“深深的恶意”，这是每一个职场人都不愿面对的。但请有点耐心，不要轻易定下“领导是不喜欢我的”“领导是有意针对我”等结论。尤其是职场小白，很容易由于自己内心的脆弱与对领导的畏惧，放大领导的某些行为，让自己陷入不必要的恐慌。并且，有时领导所释放的“恶意”实为刻意为之，意在考验下属员工的抗压能力。因此，明辨领导的“恶意”举动是偶发的还是经常的，是刻意的还是自然的，是一件十分重要的事情。由此，才不至于陷入对领导的“误判”，才能真正读懂领导的内心。

领导不喜欢，你该怎么办

如果通过细致的观察、审慎的思考，最终得出一个不幸的结论“领导真的不喜欢我”，那么你该怎么办？

应当明确，“领导不喜欢你”不是一个“你”或者“领导”单方面的问题，而是你与领导要共同面对的问题。领导不喜欢你，你得不到重用、提拔，工作很不如意。但与此同时，领导与一个他不喜欢的人一同工作，也并不是一件愉快的事情。因此，当“领导不喜欢你”的情况发生时，最好的结果是你与领导共同做出积极的努力，反思无法愉快相处的原因，以及自己存在的问题。如果问题较为严重，不妨双方进行一次开诚布公的沟通，把话说开，问题自会暴露，误会自会解除。由此，这段不愉快的经历，将成为你与领导相处过程中的一段“磨合期”。安全度过“磨合期”后，你与领导对彼此的了解反而会更加深入，情感链接更加紧密，更利于互动默契的建立。

但在职场生活中，下属员工在领导面前处于相对弱势。相处困境发生后，往往需要下属员工率先做出妥协。妥协的路径无非以下两种：要么改变自身，要么接受现状。当通过反思，发现问题出在自己身上时，应正视自己存在的问题，并做出积极的改变。例如，努力提升自我，让业绩更出色；心态放平和，使自己更谦逊，更易于相处；养成良好的行为习惯，改掉领导所不能接受的陋习等。这样，领导的不喜欢不仅没有害处，反而为自己敲响了警钟，使自己以更好的姿态重获领导的赏识。当然，如果觉得自己并没有做错，也可以选择接受领导不喜欢自己的现实，维持这种不友好的僵持状态，或通过主动沟通等方式，迫使领导认识到自己存在的问题。

如果既不想改变自身，也不想接受现状，当然也可以采取更加激烈的方式。比如主动离职、另谋出路，换一个环境或许就能找到一个合适的领导。当然，你也可以找更高层领导反映情况。尤其当你觉得，你的领导所存在的问题不只影响到你们之间的相处，更损害了组织的利益时，向更高层领导如实反映情况，便变得十分有必要。甚至在一个竞争激烈的职场环境中，实力充足的你，完全可以以此为契机，想办法取代领导的位置。当你取代了领导，你与他之间的矛盾，便自然而然地迎刃而解了。

无论是改变自身、接受现状，或者采取更加激烈的处理方式，都不要为了维持一段工作关系而迷失自我，使自己陷入盲目迎合领导喜好，或者与领导置于对立的状态。两个不同的人相遇、相处，冲突与矛盾是在所难免的。多了解，多沟通，能相互谅解、重归于好固然可喜，关系难以调和直至走向破裂也无须勉强。相处的矛盾，是人际交往中再正常不过的话题，只不过此时恰好在职场，他是领导，而你是员工。

◇ 互动性默契的建立

读懂领导，走进领导的内心世界之后，最终要达到怎样的目的呢？或许你会想，读懂领导，就可以投其所好，使领导重视自己，升职、加薪，自己的职场之路就可以迎来一片坦途了。这样思考固然没有错，但读懂领导的意义绝不限于个人利益的满足。试想一下，如果一个组织中每一个员工都努力学习如何读懂领导，讨得领导的欢心，阿谀逢迎实现自己的利益，最终这个组织会发展到一种怎样的地步呢？

事实上，员工与领导是一个共同体，统一于组织发展目标的达成过程中。以读懂领导为手段，盲目追求一己私利，最终往往会反过来造成个人利益受损。因此，读懂领导的终极目标，在于建立互动性默契关系，推动工作的优质高效开展。领导赢，组织赢，最终你也能赢。

互动增添理解

互动是读懂领导的一大途径，而读懂领导也反过来凸显了互动的重要意义。所谓互动，就是相互间的沟通与交流。互动能够促进你与领导深化对彼此的理解，进而达成一定程度的互助、互补、互利。

互动性默契遵循的一项基本原则，就是“将心比心”。将心比心是领导者的黄金法则，成功的领导者往往能够尊重每一个员工的人格、技能与爱好，明白每一位员工都拥有自己的个人生活，并能够一视同仁地对待所有的员工。而对于员工，将心比心也同样重要。将心比心意味着能够读懂领导的想法，理解领导的苦衷；意味着能够找到领导最易于接受的方法，提出自己的合理化意见，为领导提供帮助；意味着在与领导产生矛盾，甚至被领导误解时，能够换位思考，化解争端，不至于深陷其中，导致矛盾的进一步激化。如若如此，领导的管理工作便能够开展得更加容易，组织的日常工作也将更高效、更顺利，整个组织会趋于良性发展。

互动性默契的建立，意味着你与领导都能够运用彼此最熟悉的语言进行沟通，通过共同的话题迅速拉近彼此的距离。于是，你可以在不失原则的前提下，运用领导最乐于接受的方式进行沟通。不仅更容易加深领导对你的好感，更能在潜移默化间，使领导接受你的合理化建议，可谓一举两得。投其所好并非总是坏事，投其所好才能有的放矢，进而实现共赢。

伴随互动性默契建立的，是你与领导之间的情感链接。最初的情感链接一定是薄弱的，但随着对彼此的认识不断深入，理解也日益深入。彼此间深入的理解使双方的感情迅速升温，即使性格偏差、审美殊途，最终也能建立起良好的默契，所谓“没有条件，也能创造条件”。互动与理解，会使你在自己原本不喜欢、不擅长的地方下功夫，做出一定程度的改变，使领导看到你积极的态度，也使你成为更好的自己。同时，在一些地方保有原则，使领导看清你的底线，在交往之中懂得轻重与缓急。不断的磨合之后，默契便逐步形成。

默契也需培养

所谓默契，是指在性格个性、交流沟通、为人处事等方面相互摸底，达成某种共识，进而心照不宣的彼此体谅，实现共赢。很多人认为，默契是天然存在的，其实不然。默契是需要培养的，需要长期的互动与磨合。

许多职场小白总希望自己能够遇到一个“知我”“懂我”的好领导，顺理成章地建立起和谐的职场关系。然而，现实往往令职场小白们大失所望。事实上，大多数领导并不能满足职场小白们心目中的样子，你往往不是觉得领导性格不友好，就是对其管理方式不适应，或者行为习惯看不惯……总之一句话，就是“双方合不来”。“合不来”怎么办？大多数职场小白会选择换一个领导。但换公司、换部门、换领导，换来换去你会发现，自己想象中的好领导依旧没有出现。

大多数职场小白会将与领导间默契的缺失，归结于运气不好。例如，性格内向的你偏偏遇到一个性格外向的领导，相互之间怎么看怎么别扭。但事实上，大多数人的性格特征、兴趣爱好、生活习惯不可能完全合拍，与其粗暴地判定“合不来”，不如以包容的心态“处处看”。

大多数人一生中会经历许多任领导，这些领导个性风格迥异，价值追求不同。其中，能与你建立天然默契的领导，出现的概率微乎其微。你应当明白，大多数时候自己并不能拥有选择领导的机会与权利。这些不同性别、年龄、兴趣爱好、性格特征、价值取向的人会随机地出现在你的职场生涯中，成为你的领导。无论你喜欢或者讨厌，都必须承认他是你的领导，拥有管理你的权利。当然，你可以选择换个工作，告别这个领导。但这一方法并不能从根本上解决问题，谁也不能保证你千挑万选的“好领导”，会不会因为组织架构调整而离开你，或者升职或调岗使你不得不离开那位领导。于是，不多时日，你便有很大概率会重新面对一个不尽如人意的领导。因此，无论你喜欢与否，与领导（特别是不喜欢的领导）之间建立默契，都是一项长期而重要的挑战。

与领导建立和谐的互动性默契，是你必须完成的任务。事实上，即使是最优秀的领导者，初入职场时，也是一个追随者。找到一位好领导，不只是一份幸运，更是一种能力。如果你拥有足够强大的沟通能力，能够获得大多数人的认可、钦佩和支持，无论什么样的领导都可以相处融洽。即使是你最不喜欢的领导，也可以与他建立互动性的默契。

共赢才是目标

读懂领导的最终目的，不在于在领导面前放弃自我、委曲求全，活成领导喜欢的样子；也不在于见缝插针、阿谀逢迎，盲目追求自身利益的最大化。职场不是一场百米赛，而是一场马拉松。委曲求全或许可以委屈一时，却不可能永远压抑自己的内心；阿谀逢迎或许可以在短期内实现巨大利益，但牺牲组织的发展与个人的口碑，也非长久之道。读懂领导的最终目的，在于找到与领导间的最大公约数，加速度过磨合期，以更好的状态面对工作，实现组织利益最大化，进而推动个人利益的实现。简单来讲，共赢才是最终目标。

共赢思维要求多发现，培养你与领导的共同之处；求同存异，追求你与领导共同利益的最大化。通过细致的观察与分析，找到你与领导之间已有的共同之处。例如，你和领导都希望更好地完成工作，都希望实现公司的目标。当然，这种共同之处还可能存在于价值追求、性格特征、兴趣爱好等各个方面。例如，你和领导都性格外向善交际，都喜欢羽毛球运动等。挖掘的共同之处越多，越有利于你与领导间彼此认同关系的建立。同时，在已有共同点的基础上，创造新的共同之处。例如，领导喜欢阅读邮件胜过面谈，便可以更多采取邮件的方式与领导进行沟通。再如，了解到领导喜欢让员工充分表达自我，共同参与决策，便需要对自己提出的方案多做些准备，以期在决策讨论中有更优秀的表现。

共赢思维要求学会换位思考，站在领导的角度上思考问题。特别当与领导发生矛盾冲突时，你需要抛弃领导的态度、措辞等表面化的呈现，让自己化身领导，设身处地地思考这一问题。不妨暂时抛弃自己的身份、观点、立场，想一想“在领导心中，这件事情是怎样的？”“领导这样做，想要达到怎样的目的？”，搞清楚领导的观点、立场、诉求。并进一步思考，“站在领导的立场上，有没有更好的解决方案？”“我能怎样满足领导的诉求？”，通过全新的思考视角，找到问题新的突破口。

共赢思维要求坚持自我，不轻易放弃自己的立场与追求。应当明确“我的诉求是什么？”“我的底线是什么？”，从而更加理性、聪明地实现自身利益，不至于陷入对领导的盲目讨好，或与领导的情绪化对抗之中。在实现领导利益追求的同时，自己的利益诉求也得到保障。不要认为自己的退缩与委屈，会成为组织利益实现的必要牺牲。在人际交往中，如果存在一方持续的付出与牺牲，则这段关系是极其不稳定的。当你对自己的利益与底线缺乏认知，领导也无从知道你想要什么、在乎什么时，你与领导之间便难以建立一段平等的关系。同时，单方面的妥协与付出会使你心力交瘁，丧失努力的动力与目标，甚至产生愤怒、怨恨情绪，为你与领导的关系蒙上阴霾。

因此，读懂领导的内心，也读懂你自己的内心，多挖掘你与领导的共通之处，相互理解，彼此尊重，才能建立起一段平等、稳定的互动性默契关系。将“我”变成“我们”，实现最终的共赢目标。

2 chapter

明确定位

何时做将军，何时为士兵

“做人如山，望万物，而容万物。做人似水，能进退，而知进退。”知进退，不仅是一项重要的人生哲学，也是成熟职场人的重要标志。

未入职场时，往往对职场生活心存幻想。凭着青春热血盲目自信，把一切都不放在眼里。面对同事的竞争、领导的压力，往往会愤愤不平。“领导为什么看不到我的优秀？”“领导为什么这样做事？”疑虑在心中生长。你往往不会质疑自己的判断，而是坚信领导性格偏执、不接地气、没有走进你的内心。于是你开始埋怨、愤怒，甚至索性选择离职。然而，很多时候这种“争”是无谓的。即使赢了也是“惨胜如败”，反而会使你与领导顿生嫌隙，阻碍你真正有所作为。想要在职场有所作为，必须要知道“何时为士兵”。在适当的时候选择妥协，有的功劳需要让出去，有的错误需要担起来。“进”不一定代表“赢”，而“退”也不一定就是“输”。

面对重重压力，心有畏惧是难以避免的。畏惧领导，便尽量避免与领导接触；畏惧出错，便尽量少做事，或多提出一些稳妥而平庸的方案，不求无功，但求无过；畏惧困难，便尽量“少出头”，职场表现平淡无奇，却也兢兢业业。然而，“不争”往往代表平庸。你不主动争取机会，没有人会替你争取。你不主动出彩，领导便很难在一众员工之中发现你的特别之处。想要在职场有所作为，必须要知道“何时做将军”。在适当的时候挺身而出，施展自己的才华与能力，主动为领导排忧解难。毕竟，“进”不一定代表“赢”，但“不进”不一定就是“输”。

职场之上，应当明确自己的定位：何时做将军，何时为士兵。要有所“争”，有所“不争”。力争上游，努力奋进，充分发挥自己的实力，在工作的过程中和结果上为领导带来惊喜。同时，积极“争责”，勇敢承担更大的责任，勇敢为领导分忧。通过“争”，塑造一个有能力、有担当的员工形象，足以令领导眼前一亮，印象深刻。不争权，不争利，不争功。时刻保持谦逊，做好一个下属员工该做的事情，维护领导的权威。“不争”不仅不会使你失去应得到的利益，反而会赢得领导的好感，收获更多更宝贵的机会。

“争”与“不争”是一门学问。何时应当“争”？何时应“不争”？应当“争”什么？应“不争”什么？这其中，蕴含着职场的大智慧。只有参透其中的玄机，在该做将军的时候勇敢挺身，在应为士兵的时候自觉妥协，才能使自己的职场生涯风生水起。

◇ 扮好“下属”角色

在职场中，下属员工与领导之间完全可以建立一种亲密的情感链接。这种情感链接的建立，能够增进彼此的了解与信任，进而促进工作的顺利开展。但这种亲密关系的建立，并不能改变“领导仍是领导，下属仍是下属”的事实。应当注意不要因为亲密链接的建立，跨越了下属与领导之间的界限。亲疏有道，浓淡相宜，才是相处之道。

摆正位置不越界

在全球管理界享有盛誉的管理学大师亨利·明茨伯格，曾经提出过这样一个惊人的论断：“领导与下属之间或许会存在相同的爱好，但两者之间的利益与业务关系是永远无法改变的。所以，身为下属，无论在工作或是其他场合下，都应当秉承这样的观念——领导之所以器重你，是因为公司需要你，而不是源于纯粹的友谊。”这一论断看似冷酷无情，却恰恰道明了职场生活的真相。

每个人在社会上都扮演着自己的角色，角色与角色互不相同。自轻与越界都是不可取的，每个人最重要的就是扮演好自己的角色，做自己该做的事情。而在职场之上，“领导”与“下属”都是一种角色，两者拥有不同的地位、作用，以及自己应当承担的责任和履行的义务。尽管在人格上，领导与下属是平等的，但在组织上，领导与下属却是领导与被领导的不平等关系。领导的主要职责是带领、指导员工迈向成功，以及调动一切积极因素为组织创造利益。领导需要有领导权力与威严，能够正确使用权力权威，使员工自觉服从他的管理，在他的指引下实现组织目标。因此，一个下属与领导的关系再紧密，都应摆正自己的位置，认清自己的角色，懂得尊重与服从领导，不要模糊了上下级与朋友之间的界限，在潜意识中将自己放在与领导平起平坐的位置。

不越界，意味着不刻意拉近与领导之间的关系，尊重领导的权威。职场之中，常有些员工自认为得到了领导的赏识，甚至与领导建立了良好的私人关系，便因此沾沾自喜，到处吹嘘。这其中埋藏着一种心理，便是希望借助与领导“称兄道弟”的关系，提升自己的位置，获得与领导相应的权威。所谓“狐假虎威”，便是这样一种道理。但事实上，无论你与领导如何亲近，你也不是领导，你的职责依旧是理解领导的意图，执行领导的决策。所谓“同等权威”，只能用来欺骗自己的内心，或者迷惑那些不明真相的人。况且，领导通常不喜欢这种“狐假虎威”的行为，这种行为只会令领导感到尴尬，甚至感觉自己的权威受到侵犯。因此，即使你与老板已建立亲密的情感链接，也不要盲目放大、刻意彰显这种关系，应始终做到“相处有度”。

不越界，意味着“不在其位，不谋其政”，不在非领导岗位代行领导职能。职场上，员工应当配合、协助领导做好工作，而不是代替领导进行决策。虽然部分组织的领导偏爱发扬民主，推行参与式决策，但这种决策往往也是有限制的。由于岗位所限、经验欠缺、能力不足，员工往往对职能所在的事项相对专业，可以在执行层面做到见机行事，但视野常常不如领导开阔，缺乏宏观考量。因此，下属员工不理解领导的决策，是一种十分正常的现象。作为下属员工，工作中不向领导汇报，擅作主张，或者对领导的批评与决策采取不屑的态度，都是十分不明智的。员工觉得自己的判断更专业、更正确、更贴近实际，却忘记自己的判断通常建立在对局部的考量中，而领导关注的是整个组织的发展。认知偏差使员工自认为正确的决策，对组织发展却不一定有利。

在一个组织中，领导是组织的核心，而下属员工是被管理者，是领导的追随者。作为下属，应谨记摆正自己的位置，配合领导开展工作。不要试图和领导分庭抗礼，而是要积极探索如何与领导在配合中相得益彰，推动组织的发展，也带动个人的成长与发展。

建立情感链接

作为一个称职的下属，与领导建立情感链接是十分重要的一课。情感链接的建立可以维持良好的关系，使下属员工与领导之间彼此了解、信任，更利于日常工作的顺利开展。

在工作上，下属员工要力争成为领导的“贴心人”，读懂领导，完成领导关切的工作。正确领会领导的意图和完成其想要达到的目的，是情感链接建立的重要途径，也是一个优秀下属的重要标志。无法读懂领导，无法领会甚至误解领导的意图，往往会导致“出力不讨好”的局面发生，事情做得越多，反而错得越多。下属员工只有充分理解领导的工作目标与思路，才能实现工作的高效执行，做到有的放矢。同时，读懂领导、尊重领导，不意味着盲目服从。

学会在适当的时候“提醒”领导，是一个负责任的下属应当做到的事情。如果你的“提醒”是适时而恰当的，领导更能感受到你的责任与先见，你与领导间的情感链接也会更深厚。

在生活中，下属员工也应注意适时地释放温情。不妨尝试多关注与领导之间的共同爱好，多培养工作之外的共同话题。领导也是普通人，也需要精神上的理解、支持、安慰。下属员工可以在节假日为领导递送一条祝福，可以在领导身体、情绪不佳时表达一份关心，可以在取得成绩时向领导表示一次感谢。如此种种，在工作之外给予领导温暖。俗话说“内安才会外稳”，大多数领导都渴望拥有一个懂自己的员工，无论在工作还是生活中，为自己排忧解难。因此，在做好本职工作之余，下属员工也要多关注领导的内心诉求。

应当注意的是，情感链接的建立并不需要多么绞尽脑汁的设计，也不需要多么惊天动地的举动，恰恰蕴藏在一个眼神、一个动作的细节之中。生病时的一声关切，节日时的一句问候，这些贴心的小举动看似微不足道，却足够温暖人心。崇敬的眼神、自信的神态，无须多言，便足够表达一个下属对领导的尊重与信任。而幽默的说话方式，不仅能够调节交往中紧张的情绪，更能有效消除与领导之间无形的隔阂，使关系更加自然、融洽。

情感链接的建立，能够帮助下属员工更好地扮演自己的角色，行使自己的岗位职能，使工作开展得更加顺利。相互欣赏，彼此尊重，共同发展，帮助下属员工与领导，建立更加牢固的互动关系，让彼此配合更趋默契。

距离产生美

职场之上，下属员工与领导建立情感链接是十分有必要的。但是，切记不要因此认为，与领导之间能够真正做到“零距离”的亲密无间。俗话说“距离产生美”，维持合适的距离，才能保证这段关系的持久、和谐。

读懂领导，走进领导，固然是重要的，但与领导走得太近，却无疑是一种十分不明智的做法。不要将自己升职加薪的期望寄托于与领导的亲密关系，成功学大师拿破仑·希尔曾经说过：“凡是认为只要与领导建立亲密关系就能飞黄腾达的人，就如同将根扎于沙滩，是不能够长久的。”我们要明白，与领导“零距离”不仅是不可持续的，更可能是危险的。与领导走得太近，既可能引得同事的揣测与非议，又可能在领导面前暴露自己内心并不正面的一些想法，影响你在领导心中的位置，还可能发现领导存在的不足，破坏领导在你心中的形象，更可能闯入领导内心的安全区域，引发领导的反感。作为领导，即使是公认的民主温和派，也拥有自己的领导威严，以及不愿让别人触及的内心区域。走得太近，反而容易引火烧身。

当然，离领导太远也是不明智的。应当遵循适度原则，让你与领导之间保有一定的弹性空间，使两人的关系既安全又亲密。

与领导相处，要亲密，更要有弹性空间，这种空间的存在可以避免因碰撞而产生伤害，使双方都能保持一种相对舒适的相处状态。但这种弹性空间究竟有多大，却是因人而异的。有些领导性格相对敏感，需要更多的弹性空间；有些领导比较随意，所需的弹性空间则相对较小。与领导之间保有多大的弹性空间，需要下属员工在与领导的不断磨合中确定，根据相处中对方呈现出的状态与自身的感受，不断做出调整。但是，无论什么样的领导，在相处中通常都会存在这样几条不能触碰的红线。

一是不要触及领导的隐私。每个人都需要一定的私人空间，所谓隐私，便是一个人最不愿被他人看到的部分。不要尝试打探领导的家庭生活、情感经历等隐私，即使不小心知道了，也要装作不知道，更不要主动传播。一旦领导发现你知道了他的隐私，即使明面上不表示，心里也是不愉快、有所顾忌的。了解领导的隐私，不仅不会拉进彼此间的距离，反会增添不必要的隔阂。

二是不要挑战领导的权威。一些下属员工常会因为与领导关系亲密，而模糊了自己与领导之间存在的界限，忽视自己与领导本身是一种“管理与被管理”的不平等关系。站在领导的位置指手画脚，即使此时你所做的工作本身并无不妥之处，领导也并不会认为你在为他分忧，而是认为你在挑战他的权威。因此，无论你与领导之间的关系多么亲密，该由领导做出决策的事情，就不要试图代劳。

三是不要忽视对领导的尊重。亲密的关系常会使一些下属员工放下心理防线，对领导“无话不说”。无论你与领导多么亲密，都应当注意要有“领导意识”：领导就是领导，被领导就是被领导。未经核实的情况不要乱讲，没有依据的意见不要乱提，随便的玩笑不要乱开。不要伤害领导的面子，令领导难堪。不要因为自己的一些烦琐小事，特别是与工作无关的事，反复麻烦领导，要分清领导的事就是领导的事，自己的事就是自己的事。不要对领导交办的工作草率应付，应当明白工作是工作，私交归私交。

◇ 服从是规则，更是智慧

服从是一种规则，作为被管理者，服从是一个员工的硬素质，是执行力最直接的体现。服从不需要借口，也不需要理由。试想在一个组织之中，如果所有的员工都抛弃服从，对领导的决策阳奉阴违，甚至针锋相对，正常的管理活动将会如何运转？与此同时，服从更是一种智慧，这是在强者面前的生存智慧，也是以退为进的职场哲学。

服从是一项规则

在下属和领导的关系中，服从是第一位的。对领导的坚决服从是一项规则问题。美国总统尼克松曾经说过：“一旦最高领导人做出决定，争辩就要停止，所有的人都必须支持他的决定。”下属服从领导，是一切工作正常开展的前提。

在美国西点军校，服从被认为是军人的天职。没有服从意识，就无法在军队中立足，更没有资格担任中高级领导职务。为强化学员的服从意识，教官们甚至将服从作为新学员培训的第一课。据说，西点军校的新生们在面临问话时，只有四个标准答案可供选择："报告长官，是！（Yes,Sir!）""报告长官，不是！（No,Sir!）""报告长官，没有任何借口！（No excuse,Sir!）""报告长官，不知道！（Don't know,Sir!）"这种要求看似苛刻，实际却在每一个西点军校新生心中，根植下"服从命令"的意识。

不只是西点军校将服从作为一项天职，"服从命令、执行决策"，也是世界500强企业选拔员工的一项通用标准。在一个组织中，下属员工对于领导命令的服从，对于组织的生存与发展，具有至关重要的意义。整体的巨大能量，往往来自个体的服从精神。没有强有力的服从，组织的目标会变得形同虚设，组织决策的落实会变得举步维艰。此时，再伟大的愿景、再英明的决策，也会成为空谈。试想一下，下属员工频频质疑领导的决策，甚至公开与领导唱对台戏，这样的组织，执行力如何发挥，凝聚力与竞争力又从何而来。这种情况下，整个组织陷入一盘散沙、各自为政的混乱局面，也就不足为奇了。只有服从性强的组织，才有可能攻无不克、战无不胜。

一个优秀的下属，首先得是一个完美的执行者，他们要对领导无条件地忠诚与服从。当接到领导的指令与任务时，即使这一指令是苛刻的、难以理解的，他们也不会找任何借口去推托，而是尽一切可能积极完成任务。服从的显著特征就是不找借口、不讲条件、不计得失，"有条件要完成，没有条件创造条件也要完成"。

从某种程度上讲，服从意味着牺牲，牺牲借口、抱怨和牢骚，牺牲懒惰投机的心态，也牺牲个人的部分自由与独立。因此，这种做法往往看起来冷酷、不近人情，甚至使人联想到将人当作机器的"残酷泰勒制"。尤其在当今这个鼓励员工参与决策、自主性与创造力的时代，服从，尤其是无条件地服从，貌似已经与时代发展的要求相脱节。不少观点认为，当今员工对于领导，应该是"对的服从，不对的不服从"。员工的主观能动性与自主判断力固然重要，但不能与服从原则相背离。员工的判断力往往不比领导精准、敏锐，反而可能养成与领导"唱对台戏"的习惯，影响组织的稳定。当下属员工对领导决策持不同意见时，可以向领导提出合理化建议，如果领导坚持不予采信，只要领导还是你的领导，那么无条件地服从便是员工必须遵循的职场规则。

服从是一种智慧

有一种观点认为，服从是一种向领导示弱的表现。的确如此，服从往往意味着暂时放弃个人的自主性，即使不理解领导的决策，甚至认为领导的决策是错误的，也要无条件执行。而这一切似乎都源于他是领导，而你是员工，你在他面前处于相对弱势的地位。这种感觉，着实令人委屈。但在强者面前懂得示弱，又何尝不是一种必要的生存智慧呢？

对于职场人士而言，在强者、弱者面前都敢于示弱，是一种参透职场智慧的哲学。如果说服从是一种示弱，那它也远没有想象中的那么不堪。职场中存在这样一种“刺头”式的员工，他们独立、潇洒，不去服从领导的指令，而是按照自己的意志行事。但面对这种组织内部的不安定因素，领导完全有可能也有能力采取忽视的态度，不重用他们，不采纳他们的意见，甚至可以轻易通过辞退的方式，将他们排除在组织之外。因此，不要以为“不服从”就意味着你可以完全遵循自由意志。作为下属，你甚至不具有与领导唱一出“对台戏”的实力。你可以无视领导的指令，却无法无视领导对你的影响力。

服从是顺应环境及规律的选择，表面软弱，实则可以消减领导的防备心理，在达成保全自身目标的同时，拉近与领导间的距离。当领导交派任务时，对其中的困难之处通常都是有所认知的。发布指令、派发任务，既是对下属员工的信任，也是一种考验与培养。当下属员工面对不理解的指令，或是困难指令时，如果采取畏难、退缩的态度，或者借机与领导讨价还价，往往会使自己成为领导眼中“不可靠”的员工，看似满足了眼前利益，升职加薪及未来诸多机遇则极有可能因此与他们擦肩而过。而贯彻领导的指令，根据实际情况，自觉、自发、自愿地积极完成指令工作，则很有可能收获领导的好感。服从指令，既是员工执行力、责任感的试金石，也是彰显员工自身能力的绝佳机遇。

服从源于对自身与领导的清醒认知。在地位上，领导与你是管理与被管理的关系，不服从领导无异于以卵击石，自讨苦吃。在实力上，领导之所以为领导，一定拥有某些长处。最基础的，领导比你拥有更为广阔的人脉，手握更多资源，可获得更为庞大的信息量。并且领导职务越高，往往所拥有的信息量越大，所思所想越接近全面、符合实际。作为下属员工，许多对于领导决策的质疑，都是源于信息的不对称。对此拥有清醒的认识，便不会贸然认为自己的决策判断一定是优于领导的。

此外，服从有时不仅不是示弱，反而可以帮助自己变得更加强大。服从，可以改变固有的偏见。你会发现，原本没有多少好感的领导，所做的决策是明智的，所做的判断是远优于你的认知的。服从，可以提升自我。执行领导的指令，可以挖掘自己的潜能，发现原本看似无法完成的工作，其实也是可以完成的。服从使你尊重领导的决策，进而学习领导的思维方式、领导艺术，学会以领导的角度看世界，踏上成长的“快车道”。

服从不是盲从

服从命令是军人的天职，也是每一个职场人的天职。但这并不意味着员工需要对于领导的命令言听计从，不辨对错，一味附和，一概遵从，一律执行。不论是非曲直的唯命是从，不是服从，而是盲从。服从与盲从虽然只有一字之差，含义却有天壤之别。

盲从意味着完全抛弃自己的理解与思考，对领导指令内容进行死记硬背，刻板执行，这种做法无疑是盲目的，也是不负责任的。与此不同，服从意味着对于领导下达的指令，在怀有尊重态度的同时，保有自己的分析思考能力，发挥主观能动性，把领导指令与客观实际结合好、落实好。

作为一个职场人，需要的是服从，而不是盲从。

将“绝对服从”写入校训的西点军校，同时将“拒绝执行不合理命令”写入了道德课程。在西点军校，对服从的含义有明确阐释。学员们服从的不是长官这个人，而是其代表的责任、荣誉与国家。相似的，员工之所以要服从领导，并不在于服从领导这个个体，而是领导所代表的组织意志。因此，当领导的决策出现明显的疏漏，甚至侵犯组织利益的时候，一个称职的员工是不能够听之任之，盲目服从的。

那么，当你感到领导的决策存在明显疏漏，甚至损害组织利益时，应当怎么做呢？作为一名下属，对于领导的指令，服从是一种规则，也是一种智慧。但服从也有风险，因为领导也可能会犯错误，如果盲目服从，可能造成严重的后果。但如果不服从，后果也很严重。如此，便似乎陷入了一种两难的境地。

对于这一困境，比较好的解决之道是，首先对领导决策进行评估。如果领导的决策跨越了道德或组织制度规则的界限，或是一种明显的以权谋私行为，为维护组织的利益，应当予以提醒，并拒绝服从指令。必要时，甚至可以向更上级领导反映情况。如果领导的决策并不涉及原则性的错误，可以向领导提出不同意见，努力实现事前更正。如果领导不予采纳，便坚决执行领导的指令，尝试事中修正。在执行指令的过程中，你可能会发现领导的指令是正确的，也可能发现领导的确做出了错误的决策。此时，应注意将执行过程中出现的问题，及时反馈给领导，努力使领导意识到决策存在的问题，并拉回到正确的决策轨道中来。但如果领导始终固执己见，坚持自己错误的决策，便要对错误决策可能产生的不良后果进行评估，及早做好准备，尝试事后找补。

◇ 不做职场“含羞草”

职场上存在着这样一类“含羞草”式的员工，他们会收缩枝枝叶叶,将自己紧紧地包裹起来。面对工作，他们总是畏缩在后面，害怕困难，也害怕犯错。面对他人的批评与建议，他们会本能地抗拒。甚至面对可能出彩的机会，他们也会置之不理。他们唯唯诺诺，希望能够混迹于一众职场人之中，不出力、不出头、不出错，平稳而轻松。这种员工的存在，对组织发展十分有害，当然他们最终也会自尝恶果，让职场生涯受到不良的影响。

选择承担，为信任加码

职场“含羞草”的一大特征，在于选择退缩，而不是选择承担。他们不愿意承担本职工作，偷工减料，消极怠工。他们不愿意承担困难工作，避让逃躲，畏惧挑战。他们不愿意承担犯错误的责任，不承认错误，不接受批评。

不要认为，“含羞草”式员工离你很远。懒惰、畏难、逃避过失，每个人都会面对。逆流而上很难，随波逐流却很容易；选择承担很难，选择退缩却很容易。一旦放任自己，丧失勇往直前、战胜困难的斗志，每个人都可能成为“含羞草”式员工。

“含羞草”式员工极具隐蔽性，他们看似无害，实际危害巨大。他们温和、安全，态度好、不犯错；服从领导的指令，从不提出反对意见，更不会公然与领导作对；甚至看起来勤勤恳恳，兢兢业业。但事实上，这种员工对组织发展存在严重的威胁。没有一个组织的成功，不是依靠员工强有力的奋斗实现的。“含羞草”式员工的看似温和，实际上是一种“不关心”“不作为”，是一种变相的牺牲组织利益满足个人私利的行为，只不过他们满足的不是个人的经济利益，而是懈怠、享乐、安全等精神诉求。

选择承担，意味着挑战自己的惰性、享乐心，以及安全状态。同时，还意味着可能面临失败，不能获得相应的回报，甚至可能受到领导的误解。但选择承担，也意味着拥抱更多展示自我、提升自我的机会，在使自己变得更好的同时，为你在领导心目中的信任度加码。

选择承担，意味着积极做好本职工作。完成本职工作，是每一个员工义不容辞的责任。一个负责任的员工不仅能做到完成工作，更会以积极主动的态度，不断精益求精，努力将工作做到更好。不少职场人，在工作的新鲜感退去之后，便不再拥有激情，将工作看作任务，久而久之便会陷入倦怠。但如果将工作看作事业，在工作中努力实现自身价值，便会尽心尽责地投入其中，不断挖掘自身潜能。这种对待工作积极的态度与饱满的热情，甚至比出色的工作能力更为重要。这样一个热爱工作，追求精益求精，在工作中实现自我价值的员工，又怎能不令领导印象深刻呢？

选择承担，意味着勇于挑战棘手问题。职场中，员工难免会面对各式各样的工作，有些工作并不容易完成，存在较大概率的失败。出于畏难和害怕失败的心理，许多员工对于这样的工作避之不及。但是，阻碍职场发展的最大障碍，恰恰是面对高难度工作时的推诿心理。勇于挑战棘手的问题，是获得成功的基础。棘手的问题可以激发你的潜力，历练你的能力，考验你的耐心，锻炼你的抗压性。越是没有面对困难的勇气，越是缺乏战胜困难的经验，越会缺乏自信，以此进入恶性循环。因此，面对棘手的挑战，不妨大胆去尝试。成功则收获了成绩，失败也积累了经验，均好过不敢承担。

选择承担，意味着坦然面对建议批评。人非圣贤，孰能无过。职场之上，犯错是不可避免的。犯了错误不可怕，可怕的是因为怕犯错误，而不敢有所尝试。很多员工都害怕犯错误后领导的批评与同事的议论。喜表扬、恶批评，是一种普遍存在的防御心理，但这种心理会阻碍自己的职场发展。批评使人进步，错误使人成长。不应使犯错误成为不做事的理由，而应从错误中吸取教训，借机提升自我，不再犯相似的错误。让批评成为教导，让错误成为老师，才能使自己的职场之路越走越宽广。

主动闪亮，提升职场能见度

职场“含羞草”的另一大特征，在于不愿为人先，不想展示自我，宁愿默默无闻。职场“含羞草”害怕展示自我会太张扬，引发领导、同事的反感，也害怕展示自我会使自己在人前出丑，沦为笑柄。但如若不找准时机充分展现自己，领导永远不会主动发现你、记住你。与其在默默无闻中抱怨自己怀才不遇，不如勇于争先，主动闪亮，提高职场能见度。

“通往失败的路上，处处是错失了的机会。”机会不是等来的，而是需要自己争取的。有些职场人认为，自己努力工作，默默提升能力，领导自然会发现，机会与平台也会自然而然地出现。然而，拒绝主动展现自我，领导往往无从知晓你拥有多大的能力。即使领导发现了你的能力，消极回避的态度也会使他们看不清你内心真实的想法，领导在你身上看不到渴望新平台、新机遇的欲望，也看不到能够迎接挑战的韧性与勇气，自然不敢将机会赋予你。因此，如果不主动争取，机会不会主动敲门。

如果你有出色的能力，有向上的欲望，不妨抓住机会主动闪亮，让领导对你刮目相看。对于领导来说，下属员工对他最大的支持莫过于协助他将工作做好。因此，协助领导完成一些棘手的难题，是员工主动闪亮的重要途径。当领导提出一项看似困难的任务时，不要望而生畏，不妨毛遂自荐主动试一试，或许这就是你大放异彩的时机。当领导渴望听到下属的意见，或希望通过民主讨论的方式为决策提供参考时，不妨勇敢站出来，表达自己的观点，积极为领导出谋划策。如果你能够在民主讨论会上提出令领导耳目一新的观点，势必会获得领导的关注。即使观点平平，良好的口才、缜密的逻辑、细致的思考……你的优势总会在主动闪亮的过程中展现出来，使领导能够认识你、记住你。

闪亮的方式没有限制，只要留心观察，总能发现出彩的机遇。所谓“处处留心皆学问”，主动闪亮可以通过一场精彩的发言，一次成功的活动组织，一篇漂亮的新闻稿，一种实用的工作方法创新，甚至可以通过在公司举办的文体活动上的一次出彩表现。如果这些都办不到，把工作做到最好也是一种闪亮的方式。当你的业绩遥遥领先于你的同事们，你的业绩单便是最闪亮的证明。当然，无论选择怎样的闪亮方式，均是为了充分彰显自己的优势，使领导能够发现你，关注你，进而器重你。因此，职场之上不要过分谦虚。可以隐藏小的成绩，但一定要渲染大的优势，使领导发现你的出色。

此外，主动闪亮的员工，必须拥有自信的心态，相信自己具备优秀的能力，并能够良好地展现出来。有能力又有自信，必要的时候甚至可以独当一面，这样的员工怎能不受到领导的赏识！

主动闪亮很重要，但也要注意分寸。要对自己的能力进行准确的评估，不要过分夸大自己的能力，以至于承接了无法完成的任务，不仅没有达到“出彩”的目的，反而为领导留下“能力欠佳”“爱说大话”的不良印象。同时，要注意选择合适的时机。处处闪亮固然可能使自己达到职场明星似的效果，但也可能留下“不务正业”“爱出风头”等不良印象，甚至可能让领导感觉权威遭受挑战，因此不仅不会重用你，反而可能对你进行打压。

主动闪亮是需要技巧的，要展现出自己的优势，更要使领导认可你展现的方式。美国加利福尼亚大学研究人员曾针对“融入集体还是展现自我”进行研究，将那些展现自我的员工分为四类。第一类被称为“双重嵌入式”员工，这类员工平时并没有什么特立独行的行动，但在言语之中始终透露着展现自我的欲望。这种员工具有主动闪亮的意愿，却缺乏尝试的勇气，往往被领导当作牢骚满腹的不稳定因素，成为裁员的首选。第二类被称为“非嵌入式”员工，他们处处展现自我，说话做事特立独行，因而成为组织的边缘人。第三类被称为“同化型中间人”，他们抛弃展现自我，完全融于集体，也因此失去被重用的机会。第四类被称为“综合性不守规则者”，他们日常与同事相处融洽，遵循组织规则，但拥有创新性的思想和行为，主动闪亮，敢想敢做，往往能够受到重用。

由此可见，主动闪亮并不意味着事事出风头，而是告别“含羞草”的退缩思维，在自己擅长的领域发挥自己的优势。这样做，既可以得到领导的重视，又使自己的能力不至于被埋没，能够长有所用，为组织发展发光发热。

◇ 适时挺身而出

职场之上，我们时常会听到“与领导同甘共苦”“与企业同呼吸共命运”等口号。但“同甘”容易，“共苦”却并不简单；“锦上添花”容易，难的是“雪中送炭”。“共同分享成功的果实”是人人都喜欢的，这不仅不会为自己增加麻烦，反而可能带来诸多好处。“困境面前的挺身而出”，却鲜少有人可以做到。而能否做到适时的挺身而出，恰恰是对一名员工最大的考验。

挺身而出，为领导分忧

作为下属，扮演好“服从者”的角色是十分重要的，而扮好服从者的最高境界不在于对领导的指令言听计从，而在于善解领导之意，想领导之所想，忧领导之所忧，为领导排忧解难。特别是在关键的时刻挺身而出，往往会使领导对你刮目相看，看到你的忠诚和才干。而你也因此，为自己在工作上创造了一个难得的好机会。

领导作为掌管组织发展方向的人，往往站在统筹全局的位置，将主要精力放在重大决策和战略的考量上。但这也使领导在冗杂的日常事务面前分身乏术，在诸多具体事务的处理上难以做到面面俱到。作为下属，应当挺身而出，将领导的精神落实到日常工作中。毕竟，高质量完成本职工作，是为领导分忧最好的行为。同时，对于本职工作以外的事务，也不要袖手旁观。对于那些分散领导精力的小事，不妨主动帮忙解决。对于那些领导可以亲自处理，也可以授权他人代办的事务，主动请缨，为领导分担压力。此外，还可以低调地帮领导处理一些力所能及的外围工作，例如基础性资料搜集、先期调研、各部门间的协调沟通等，为领导的决策营造一个良好的环境。由此，领导便很容易将你当作一个信得过的下属，将一些能放手的工作，放心大胆地交由你去处理。

挺身而出，除体现为替领导分担工作压力，还体现在仗义执言，维护领导形象上。领导形象往往代表着一个组织的形象，因此维护领导形象也是在维护组织形象，是一个下属员工应当履行的责任。况且，维护领导形象也能表现出你与领导站在同一立场，能够支持他、理解他，因而更容易获得领导的关注。由于所处高度不同，看问题的角度不同，领导与员工之间的矛盾也难以避免。

领导可能会为组织的利益牺牲小集体的利益，也可能因无暇顾及细节让下属产生误解。此时，下属固然可以站在自己员工的角度，表示不满与愤怒。但更为聪明的方式是，挺身而出，站在领导的角度思考问题，领会领导的意图，并大胆对其进行阐释。

由此，你便承担了领导与其他员工之间“协调者”的角色，使组织内部的怨气与误解烟消云散。但这种挺身而出通常需要较高的技巧，如果方式不当，不仅无法维护领导的形象，还会引火烧身，引发众怒。如果不能掌握这种技巧，那么至少应当做到“不传闲话”。所谓“闲话”，就是指一种背后的舆论，通常真假参半，但内容刺激猎奇。面对那些关于领导的“闲话”，不要附和，更不要传播，不妨推说“不甚了解”，或者索性以微笑作答。

挺身而出，还突出体现在当领导遇到麻烦的时候。智者千虑，必有一失，再有才干的领导也难免会碰到遭遇麻烦的时候。有时候，领导也可能在公开场合遭遇尴尬。例如，在征求员工意见的时候遭遇冷场，讲话中途忘词，遭受员工公开顶撞等。这个时候，更需要下属员工挺身而出，帮自己打个圆场，缓解尴尬的气氛。危急时刻的挺身而出，可以令领导眼前一亮。还有时候，领导可能身处逆境。例如，工作推进遭遇瓶颈，公司发展陷入低谷等。面对这种情况，下属员工若能挺身而出，充分发挥个人的力量与作用，帮助领导走出困境，并在困境之中不离不弃，伸出援助之手，必然会在领导心中留下浓墨重彩的一笔。有时候，领导也可能会犯错误。此时，下属员工如果能够帮助领导解围，甚至主动为领导“背黑锅”，便容易收获领导更多的信赖与赏识。

挺身而出，更要全身而退

身为下属员工，想要收获领导的重视，首先要收获领导的信任。而想要收获领导的信任，就应当学会在适当的时机挺身而出，为领导排忧解难。

但想做到挺身而出，也并不简单。挺身而出是一门艺术，如果下属做得不到位，非但不能达到预期的目的，反而可能影响与领导间的关系，加重领导的负担，甚至可能使自己深陷危险境地。因此，在学会如何挺身而出的同时，更应当注意如何全身而退，保护自己。

挺身而出之前，应当客观细致地了解情况。“有求必应”式的挺身而出，不仅是低效的，更可能是危险的。对于领导的某些困境或需求，无论他再窘迫都不宜挺身而出。有些事务本身风险巨大，并可能有违法律、道德，或侵害组织的利益，例如，向相关利益方进行利益输送等操作，进行业绩造假欺骗更上级领导等。这种事务往往危害组织长远的发展，此刻的挺身而出无异于“助纣为虐”，所以无论如何不能为领导承担。并且对于这些事务，领导一般不方便亲自动手，自会选择交由他人去处理。对于你此刻的挺身而出，领导并不会有丝毫感激，甚至会将你视为完成目标的工具。而一旦东窗事发，代价也是巨大的。作为一只“替罪羊”，领导会迅速与你切割关系，毁掉的无疑是你个人的职业生涯。另有些事务，是领导不愿意让他人代劳的，例如领导的私事。你此刻的挺身而出，无疑会令领导尴尬万分。

挺身而出之前，应当做好准备。没有充足的准备，你的挺身而出可能不但不会帮到领导，反而会为领导造成新的困扰。因此，在做出挺身而出的决定之前，应当迅速设想出几种可能遇到的状况，并列出相应的解决方案。这样，便可以在首选方案遇阻时，迅速转换其他预备方案。当然，这种准备更多的是一种思想上的准备，不要试图列出详细的方案，追求尽善尽美。当你充分准备好应对各种潜在可能时，极有可能已经失去了挺身而出的机会。不如先做好思想准备，果断出手，再依据实际随机应变，才不至于在意想不到的状况面前茫然失措。

挺身而出之时，应当不怕麻烦，帮人帮到底，不要因为中途遇到的困难轻易选择放弃。例如，当你挺身而出承担困难的工作时，发现自己的能力完成这项工作实际很吃力，不要因此放弃，如实告诉领导。可以主动将遇到的困难报告给领导，寻求领导的帮助；可以尝试完成其中部分工作；也可以求助于其他同事，共同完成这项棘手的工作。领导定然知道这是一项棘手的工作，因此即使你完成得并不顺利，或是完成得没有那么尽善尽美，他也会感念你勇于承担重责，勇气可嘉。但若是你在挺身而出之后又轻言放弃，便会为领导留下“说大话”“能力差”的印象，获得相反的效果。

挺身而出之时，应当认清自己的角色。尽管挺身而出，领导还是领导，下属还是下属。挺身而出为领导分忧，不等同于擅离职守代领导做事。身为下属应当明确，挺身而出只是一种手段，真正的目的是使领导更好地发挥自己的能力，辅助领导更好地完成工作。因此，下属员工在挺身而出为领导分忧时，一定要考虑领导的感受，尊重领导的意志，维护领导的权威。注意多汇报、多沟通，不要伤害领导的“面子”，更不能架空领导，自己独自替领导处理问题。并且，无论最终完成的结果如何，一定要向领导及时汇报，让领导感受到你的挺身而出，不是一种挑衅，而是一份关切。

挺身而出之后，应当保持平常心。应当明确，这种挺身而出是你“主动”的行为，是自己心甘情愿的选择。千万不要因此沾沾自喜，觉得领导欠下了你的人情，更不可到他人面前表白、卖弄。此时的卖弄会使领导认为，之前的挺身而出不过是为了有利可图，因此对你产生戒备心理，你挺身而出的努力也会随之前功尽弃。一个真正聪明的职场人，应当做到精明而不卖弄，以防占小便宜吃大亏，聪明反被聪明误。

◇ 学会说“不”

职场之上，不要轻易说“不”，但也要学会说“不”。脱口而出的“不”字，可能令你错失许多难得的机会，并为领导留下不好的印象。但面对领导不合理的诉求，该拒绝时就拒绝，学会勇敢说“不”，不做扑火的飞蛾。

不要轻易说“不”

一个简单的“不”字，却表达了坚决的抗拒态度。拒绝需谨慎，一个脱口而出的“不”字，可能会伤害领导的面子，更可能为领导留下一个不佳的印象，使自己付出沉重的代价。

不轻易说“不”，是自信的表现，是对自我的积极肯定。当收到领导交办的困难指令时，你的第一反应是不是“我不行”“我不知怎么办”“我无能为力”？这一个简单的“不”字，暴露了你不自信的内心。当领导交给你工作时，通常已经进行过评估，认为你可以胜任这项工作，或是想给你一项挑战。此时的拒绝，会使领导内心产生两种判断：一是认为你没有能力，无法承担起复杂的工作；二是认为你不思进取，不愿花费时间精力迎接挑战。而无论是其中哪一种判断，对于你都是百害而无一利的。因此，应克服“不”字脱口而出的习惯，告诉自己“我可以”“我能行”。不会做的事务，认真去学习，可能很快就可以掌握。看似困难的工作，踏实去研究，或许会发现很多问题可以迎刃而解。职场之上，总会面临没掌握、不擅长的事务，这些事务纵然棘手，但努力一下也不至于毫无成果，反而能够帮助自己收获成长。

不轻易说“不”，是负责的表现，是对责任的勇敢承担。领导有时会给予你一些本职工作以外的工作，对于这些“额外”的工作，你会不会产生“这事不归我管”“凭什么又是我干”的抗拒心理？一个成熟的职场人，不会轻易对“额外”的工作说“不”。作为组织中的一员，这种置身事外的态度是极其不负责任的。面对职责范围以外的工作，如果事态紧急，或者事情本身是一些举手之劳的小事，不妨量力而行帮上一把。如果职责之外难以胜任，也不要草率地拒绝。可以将事情交给负责该工作的同事，将专业的事情交由专业的人去处理。

不轻易说“不”，是尊重的表现，是对领导的主动维护。设想一下，如果当领导下达工作指令时，你断然表示“办不到”，或者当领导针对某一决策征求意见时，你直接表示“不清楚”“不要问我”，如此，将使领导陷入怎样尴尬的境地？

一个“不”字虽然简单，但千万不要脱口而出。无论说“是”或者说“不”，都一定要深思熟虑、有理有据。即使到了不得不讲“不”的时候，善用温和而曲折的语句，也远比直接说“不”更容易让人接受。

该拒绝时就拒绝

不要轻易说“不”，并不代表着不说“不”。一方面，领导并不总是对的，领导可能会做出错误的判断，甚至可能让你帮忙处理一些与法律规定、组织规则相违背的事务。面对这样的情况，应当坚决地说“不”。另一方面，每个人的时间与精力都是有限的，不懂得说“不”，会使你陷入无谓的小事之中，逐渐迷失自我。因此，聪明的职场人一定要学会，该说“不”时坚决说“不”。

面对严重的错误时，拒绝领导的指令是十分必要的。并非每一个领导都是优秀的领导，你的领导可能是平庸的，时常出现决策失误。面对平庸的领导，除了在公开场合表达对他的肯定、忠诚以外，私下指出他决策的失误之处，他就更能感受到你的重要，并投桃报李地给予你更多的支持。比一个平庸的领导更糟糕的是，你可能会面对一个不道德的领导。一个不道德的领导可能存在作风、态度问题，习惯游走在道德和法律边缘的灰色地带，甚至突破底线、跨入非法区域。对于这样的领导，如果不会说“不”，往往会使自己产生所谓的“道德失明”，久而久之便无法意识到不道德行为的存在，进而在组织内部形成一种违反道德的不良风气。对领导恶行的无视，会使你在无意识间对恶行习以为常，进而效仿这种恶行，产生难以估量的严重后果。

面对不能胜任的工作时，勇于拒绝是十分必要的。不能胜任，可能源于能力不足，搞砸的概率较高；也可能源于没有足够的时间，难以在完成本职工作的同时，兼顾额外的工作。此时，如果不懂拒绝，盲目接下难以胜任的工作，最终很可能会劳而无功，甚至造成不必要的麻烦。常见的情况便是最终无法完成这项难以胜任的工作。你一旦接受这项工作，不论多么勉为其难，都要为这份工作负责。因此，当这项工作最终无法完成时，你自然成为被领导追责的对象。同时，由于你没有拒绝原本不能胜任的工作，很可能对领导的整个计划造成影响，进而影响到组织全局的发展。此外，还有一种常见的情况便是面对不能胜任的工作，忙中出错，令组织蒙受损失。此时“我没有精力兼顾这项工作”“我已经努力了”都不是借口，你必将为工作的失误承担责任。

此外，当领导经常让你承担一些本职工作以外的琐事时，也应适当选择拒绝。偶尔帮助领导完成一些力所能及的小事，可以强化你与领导之间的感情链接，加深你与领导间的信任。但无论时间地点，对领导安排的琐事有求必应，则会使领导产生一种惯性，认为这些琐事就是由你来负责的，甚至忘记了你的本职工作。这种惯性一旦养成，便很难扭转，当你实在承受不住而尝试拒绝领导时，领导反而会不适应你的态度，因为其早已将这些琐事划为你的分内工作。而一个人的时间与精力都是有限的，这些琐事往往既不紧急也不重要，更不能体现你的能力。你不仅无法从中学习到什么，更在无形中增加了工作量，稀释掉了本职工作的时间和精力，弊端大于益处。

掌握拒绝的艺术

对领导说“不”，有时是十分必要的，却也是十分困难的。拒绝，是每一个职场人的必修课。要敢于拒绝，更要学会拒绝。简单直接地对领导说“不”，显然是不可取的，应当掌握拒绝的艺术。

拒绝领导，应当兼具坚决的态度与委婉的语言。不要因拒绝领导而感到愧疚或不安，要知道，你拒绝的是领导的请求，而不是领导这个人。很多时候，对领导说“不”，恰恰是为领导负责的态度。当你已经谨慎考虑过，自己应当对领导说“不”时，就坚持自己的判断，不要因领导的压力而放弃自己的原则。但这并不意味着你一定要与领导唱一出“对台戏”，委婉的语言同样可以达到坚守原则的目的。不妨在拒绝领导的同时，为领导推荐更合适的方案或人选。或者可以运用转换话题的方式，巧妙表达自己的意愿，让领导心领神会。在表达自己“拒绝”意愿的同时，不使领导感到难堪。

拒绝领导，应当态度诚恳。恳切的措辞、恰当的理由，能够使你的拒绝更具说服力。如果领导听了之后能够对此感同身受，自然不会强求你去完成你抗拒的工作。拒绝的言辞应当简单而有力，不要做太多细节的解释。许多员工害怕被领导误解，因而力图将拒绝的理由向领导逐条罗列，反而会适得其反。看似充分的拒绝理由，往往更容易存在漏洞。如此，容易使领导感觉，你在为推托一点工作而拼命找借口，这样是极其不可取的。诚恳的态度、简明扼要的语言，能够有效帮助“不”实现软着陆。

拒绝领导，应当选择合适的时机。“扬善于公庭，规过于私室”，对领导说“不”应当注意选择合适的场合。尽量不要在公开场合对领导说“不”，而要尽可能地选择私密场合，避免让领导尴尬。表达拒绝意愿时，也要注意把握领导情绪的最佳时机。领导的情绪与心境，直接影响其对拒绝意愿的接受程度。当领导心情较为愉悦时，一般对下属的拒绝保有较大的宽容度。而当领导情绪低落、身处困境时，则最好不要拒绝领导。

拒绝领导，应当注意留有余地。拒绝总是令人难堪的，而锋芒毕露的直接拒绝，更会伤害与领导之间的感情。因此，即使在拒绝领导之时，也要注意说话留有余地。拒绝之前应审慎思考拒绝的理由，不应在情绪的作用下轻率拒绝，给领导留下一个“不尊重其意见”的印象。对于自己不确定的事务，不要选择太过决断的表述，例如“我就是不同意”“肯定完成不了”。而是选择相对和缓的表达，例如“我认为可能会存在问题”“依目前的速度推进，恐怕难以完成目标”。在表达态度的同时，为你与领导都留下妥协的空间。

3 *chapter*

强化使命

忠诚是最重要的职场品质

忠诚是职场中最受重视的美德之一，是对职场人最基本的要求。在世界500强企业中，忠诚被作为人员选拔的重要标准，甚至是第一准则。正如微软创始人比尔·盖茨所言：“这个社会并不缺乏有能力、有智慧的员工，缺少的是既有能力又忠诚的员工。相比而言，员工的忠诚对于一个企业来讲更加重要，因为智慧和能力并不代表一个人的品质，对于企业，忠诚具有比智慧更高的价值。”

组织的生存和发展，需要有能力、有智慧的成员，更需要忠诚的成员。忠诚无关职位高低、工作大小，每个人都可以做到。忠诚是一种发自内心的情感，忠于人、勤于事，尽心尽责不求回报。忠诚的组织成员，能够为组织发展尽心尽力，甚至激发潜能，创造出意想不到的价值。忠诚能够使整个组织更具凝聚力，最大限度地激发团队的力量，达到“1+1>2”的效果。一个组织的生存与发展不能只依靠少数成员的能力与智慧，更需要大多数员工的忠诚与努力。如今，忠诚已经成为现代组织普遍采用的基本用人准则。

忠诚并不是一种纯粹的付出，而是一种回报丰厚的投资。由于忠诚的员工更可靠、更具有稳定性，每一个组织都倾向于选择忠诚的员工，每一个领导都倾向于重用忠诚的员工。忠诚能够为你带来更多机遇，为你的才能打造更广阔的施展空间。忠诚建立信任，信任带来亲密。忠诚能够帮助你收获来自组织、领导、同事的信任，在你与领导之间建立更加紧密的情感链接。忠诚意味着你会充分认可组织发展的愿景与目标，与组织同进退、共成长。由此，企业的成功也意味着你的成功。你不仅可以对组织的成就感同身受，更能伴随组织成长提升自己的能力，使自己在人才市场上更具竞争力。忠诚，是每一个职场人的立身之本、自强之基。拥有忠诚，你最终也将会成为忠诚最大的受益者。

忠诚不是口头上对领导的尊重与认可，而是要落实到实际行动中。忠诚意味着爱上工作，认同组织的理念价值，强化自身的使命责任感。忠诚意味着自觉站在领导的立场上思考问题，读懂领导的决策，积极执行领导交办的任务，巧妙找补领导可能存在的失误。忠诚意味着认真做好每一件小事，不忽略每一个细节，将工作做到“更好”。忠诚意味着抛开任何借口，投入自己的责任心，做好自己应当承担的工作。忠诚意味着不做“伪工作者”，不做“职场双面人”，不做“职场老好人”，做一名负责任、有担当的员工。

◇ 热爱当下的工作

“忠于职守”是我们日常生活中时常听到的一个词语，这个词说起来简单，做起来却并不容易。“忠于职守”强调对我们所做的工作负责，强调无条件地捍卫与付出。忠于职守是每一个组织对成员的基本要求，但如果这种要求始终停留在外力督促的被动层面，是很难持续下去的，尤其是在困难、条件不利的环境当中。因此，忠诚必须内化为组织成员的自主诉求。当组织成员树立起独特的使命感，将工作作为自己的事业而非谋生的手段时，便会将组织的利益当作自己的利益，自觉为组织发展着想。如此，即使处于再不利的环境下，成员也会萌生无穷的动力与信心，任何努力都不会觉得辛苦。

一个忠诚的职场人最突出的表现，莫过于爱上工作、做好工作。

投入 100% 的热情

拿破仑·希尔曾说："要想获得这个世界上最大的奖赏，你必须拥有过去最伟大的开拓者所拥有的将梦想转化为现实的献身热情，以此来发展和销售自己的才能。"热情是工作的灵魂，是职场成长的推进器。

相信不少职场人都面临过这种情况，在一个环境中待的时间久了，工作的新鲜感逐渐淡去，便会产生不在意、不关心的情绪，甚至会产生厌倦心理。面对工作，内心再难产生波澜，时常感到疲惫、无力。这种疲惫与无力实际不是由于工作的繁重或者无聊引发的，归根到底源于热情的消退。热情虽然是一种极易被忽视的内心活动，却能产生强大的精神力量。

热情是一个忠诚职场人最基本的态度，是做好工作的必要条件。对于所从事的工作，持积极或消极的态度，往往只在一念之间，带来的结果却有天壤之别。热情是指一个人保持高度的自觉，对工作充满渴望，并尽心尽力调动一切资源，将渴望化为现实。投入 100% 的热情，会使职场人对工作产生一种肯定性的情感与积极的态度，自觉自愿承担各项工作责任，并将其当作"应该做的"，积极投入到工作当中。

热情是一种具有带动力的强劲情绪，能够对人、事、物产生强烈的情感，使职场人在面对工作时，始终保持积极向上的心态。投入100%的热情，工作便开始成为一种生活方式，为工作的付出也开始变得不再那么辛苦。热情不仅深植于内心，更极具表现力。一个充满热情的职场人，似乎拥有无穷的动力，热情会从眼神、动作、日常行为中自然而然地显露出来，你的精神将因之振奋，处于活力四射、激情洋溢的工作状态，举手投足也将因此不同。并且，这种振奋还会感染周围的人。热情是可以进行传递的，充满热情的人，能够鼓舞、带动周围更多人，使他们以同样的热情投入到工作中。如此，便为整个组织营造出一种积极向上的氛围，工作也会向着良性方向发展。

热情是一种动力，能够从内心深处唤起一种斗志，给予你力量，充分激发你的潜能，指引你去努力、去奋斗。大多数工作本身或许是枯燥无味的，但热情能够将工作变为一件有趣的事情，使你充满活力，全身心地投入到工作之中。此时，再枯燥的工作也会变得趣味横生。热情是驱动创造力的关键要素，是厘清成功谜题的钥匙。在通往成功的道路上，失败是不可避免的。而热情能够帮助你在相对恶劣的环境下，不放松对自己的要求，反而更加主动地调动各方资源，寻求可能的突破路径。热情能够在你因失败而灰心丧气时，为你注入一剂强心剂，让你一扫疲惫，勇往直前，直至最终实现目标。

热情是一个强大到不可思议的力量，却常常被人们忽略。部分原因可能在于，其作为一种内心活动与状态，难以准确评估与把握。另一部分原因可能在于，热情持续的时间往往十分有限，很多职场人在刚投入工作时热情满满，随着时间的推移又逐步归于冷淡。因此，学会让热情保鲜是十分重要的一课。培养工作的使命感，是较为常见的解决途径。使命感可以将工作变为事业，让人抛去私心杂念，全身心地投入其中，进而找到工作的乐趣、尊严、成就，永葆工作热情。而能够持续在工作中投入100%的热情，也恰恰是忠诚于工作最重要的体现。

告别“打工者思维”

怎样的员工是忠诚的员工呢？许多职场人每天忙忙碌碌，按时上下班，完成领导交办的工作，认为这样一来，自己便已经足够忠诚。其实不然，这种忙碌实际仍意味着为别人做事的心态，是一种典型的“打工者思维”。真正的忠诚，是自觉站在组织的立场上思考问题，将个人价值诉求与组织发展诉求相结合，把组织的工作当作自己的工作。如此，工作便不仅意味着完成领导交办的任务，更意味着为自己的未来努力奋斗。

怀有“打工者思维”的职场人，往往将工作视为个人劳动付出与工资之间的交易，以等价交换的原则对工作进行评估。简单来讲，就是“给多少钱，出多少力”。抱着这样的心态的人，在潜意识中会计算工作的付出与收益，从而变得患得患失，不愿意付出，却想得到回报。为了避免多付出，你开始只满足于完成基本的工作，甚至对于基本的工作也得过且过、能拖则拖。因为多做工作不一定会收获相应的加薪机会，甚至可能还会导致错误发生。“打工者思维”看似付出了更少的努力，更加轻松自在，实际却丧失了思考和锻炼的机会，也很难把工作完成得好。“弱者通常是索取型人格，因为害怕失去，希望得到更多，便不断攫取。而强者一般是付出型人格，知道自己精神的富有，更包容，更懂感恩，更愿意创造些新东西给别人，世界便逐渐转移到他们手上。”

告别“打工者思维”，意味着不再将工作简单等同于赚钱的手段，而是将工作作为一件有意思的事情，自发地投入其中。稻盛和夫将这类具有极强自主驱动力、自发投入工作的职场人，称为“自燃型”。这类人不一定比别人更聪明、更擅长工作，却往往在同龄人中升职加薪最快、成长进步最大。在他们眼中，工作不只是一种赚钱的方式，更是一种投资，可以收获能力的提升、同事的认可、成就感的增强等“复利”。工作的意义不仅在于追求业绩，更在于完善内心，使自己成为一个勇于直面问题、有责任感、值得信赖的成熟社会人。工作能够带来意义感，使人生更加充实。

毕竟，“想要拥有一个充实的人生，你只有两种选择：一种是从事自己喜欢的工作，另一种是让自己爱上工作”。

“打工者思维”的另一大表现，在于只关注眼前，没有大局观。所谓“大局观”，就是能够全面地、系统地、前瞻性地看问题、思考问题，从整体利益而非局部利益出发，从长远利益而非短期利益来加以考量。没有大局观的职场人，只会将目光落在付出了多少劳动、获得了多少薪酬上面，而不会从领导的角度考虑所付出的努力对组织发展有何意义，自己可以为组织目标的实现做些什么等。如果只站在自己的立场思考问题，对问题的认知及对解决方案的构想，就会停留在一个较低水平，没有上升的空间。思维没有大局观，职场处处天花板。

“打工者思维”的再一大表现，在于自我设限。著名作家村上春树曾经有过这样一句感言：“有些人的心，是世界上最令人绝望的牢狱。那是他们囚禁自我的牢狱，并非被人凭借暴力关进去，是自己走进去的，从里边锁上牢门，亲手把钥匙扔到铁栏外的。”“打工者思维”会使职场人不愿突破舒适区，永远只做自己能力范围内的事，收获存量的价值。能力是可以培养的，经验是依靠积累的。能力差、没经验都不可怕，可怕的是自我设限、故步自封，亲手封死自己收获成长的路径。不敢突破舒适区，便永远不会有所进步；不肯拥抱变量，迟早会被日新月异的职场淘汰出局。

忠诚意味着告别“打工者思维”，将自己真正作为组织的一分子，与组织一同奋斗，一同收获成长。组织是个体成员创造价值的大舞台，个体成员是组织成长发展的推动器。只有将自己真正作为组织的一分子，将个人利益与组织利益紧密地连接在一起，思考组织的愿景目标、发展路径，思考自己能为组织做什么、需要为组织做什么，才能实现个体与组织的共赢发展。如此看来，告别“打工者思维”，对工作忠诚，对组织忠诚，就是对自己忠诚。

当你开始不再将自己作为一名“打工者”，便会自觉承担起为组织做出更多贡献的责任，进而迅速行动起来，使自己变得更加优秀。而使自己变优秀，恰恰也是一种忠诚的表现。只追求精神上的忠诚，而没有在实际操作中使之落地，是毫无意义的。组织成员的业绩，是支撑一个组织正常运转，乃至成长发展的重要支点。忠诚不是一个抽象的概念，不能只靠空谈实现，要靠实力与业绩说话。心怀忠诚，便会主动思索如何将工作做到更好、还应多为组织做些什么，并落实到平日一分一秒的努力里，一点一滴的工作中。对于一个职场人，证明忠诚最好的方式，莫过于不断提升自我，创造出更好的业绩，爱上工作，做好工作，为组织创造更大的贡献。

◇ 做好每一点小事

忠诚体现在关键时刻的挺身而出中，更体现在平凡工作的点滴付出里。毕竟，大多数组织并不时常面临生死存亡的时刻，大多数职场人也并不会成为那个危急时刻力挽狂澜的英雄。更多的时候，职场人需要面临日复一日、简单、平凡甚至略显枯燥的工作，这些工作甚至是重复的、看起来微不足道的。如此，“做好每一点小事”便成为大多数职场人忠诚品质的外在表现形式。

平凡孕育非凡

在现实的生活中，我们见到太多职场人抱怨自己身处平凡的岗位，从事卑微的工作，拿着微薄的薪金。的确，并不是每一个岗位都是光鲜亮丽的，大多数岗位都是枯燥、平凡的，甚至在整个组织中也显得无关紧要。但在有些人终日抱怨、苦恼、碌碌无为的同时，另有一些人即使在平凡的岗位上也做出了非凡的贡献。平凡的岗位并不会成为通往卓越之路的绊脚石，正如希尔顿酒店帝国的缔造者康拉德·N.希尔顿所说："世界上没有卑微的岗位，只有卑微的人。"

平凡，是工作的常态，也是生活的本色。惊天动地的工作并不多见，大多数职场人的漫漫工作历程都是与平凡相伴的。特别在当代职场，现代组织往往会对岗位进行细致的划分，这样不仅能够最大限度地提升运营效率，更能够降低人员流动可能对组织造成的影响。但细致的岗位划分，也使大多数组织成员变得像"螺丝钉"一样微不足道。一枚小小的"螺丝钉"，固然微不足道，但并非可有可无。所谓"三百六十行，行行出状元"，每一个岗位、每一项工作的存在，都具有其必要性；每一个组织的每一个成员，都不是多余的。组织的发展是各个岗位共同努力的结果，需要每一个成员尽职尽责、保质保量地完成工作。因此，平凡虽是常态，但平凡并不意味着可有可无。

很多职场人认为，自己身处一个平凡的岗位，从事平淡的工作，很难有所成就，其实不然。是否出彩根本上由你的工作态度决定，岗位并不具有决定性的作用。每一个岗位都是一个展示才华的舞台，舞台可能有大有小，但舞台之上是一个平凡的你还是出色的你，要看你自己的选择。平凡的岗位，不是平庸人生的理由。再平凡的岗位上，你也可以找到进步的空间，将简单的工作做到极致；你也可以利用空余的时间积极充实自己，在合适的时机彰显闪光之处。你的工作是否平凡，关键不在于工作内在的性质，而在于面对工作的心态。正如作家路遥所写，“在我们普通人的生活中，在这平凡的世界里，也有多少绚丽的生命之花在悄然地开放而并不为我们所知”。

任何工作都是从平凡中开始的，平凡的起点恰是迈向成功的第一步。即使再平凡的岗位，也有其独特的优势。学会挖掘这些优势，完全可以大有作为。

荷兰人列文虎克长期从事市政看门人的工作，这份工作十分清闲，似乎也没有多少成长的空间。但列文虎克并没有因此灰心丧气，选择在这一平凡的岗位上虚度人生，或者埋怨厌恶这份工作。他发现这份工作有非常多的空余时间，便利用这些空余时间开始打磨镜片，最终成为一位著名的显微镜学家，同时也是微生物学的开拓者。

平庸的人可以为自己的平庸找到千万条理由，但成功的人永远不会歧视平凡的工作。平凡的岗位，是一种特殊的考验，考验你能否在平凡的工作中耐得住寂寞，抓得住机遇。很多职场人，面对平凡的工作变得厌倦、浮躁。他们认为，如此平凡的工作不值得投入太多的热情，却不知道，平凡的工作才更能考验一个职场人的忠诚度与敬业心。如果看不起自己所从事的工作，便不可能热爱它，更不可能做出成绩。

平凡的工作，是一种长线投资。虽然从短期来看回报寥寥，专注、敬业地投入其中，一样可以干得有声有色。所谓“凝神专一，技近乎道”。瑞士手表、德国汽车，这些享誉全球的国家品牌，离不开每一个普通工匠对自身工作的专注。这些工匠们的岗位看起来都是平凡的，但他们并不嫌弃自己的工作，反而投入热情与兴趣，穷尽一生磨炼一项技能，不断追求如何做到更好。所谓“工匠精神”，恰恰证明了每一个平凡的岗位，都可以创造自己的不平凡。

细节决定成败

“天下大事，必作于细”，对于工作来说也是如此。心怀大志固然重要，但一定不要因此而小看点点滴滴的小事。一个职场人的忠诚不只体现在高屋建瓴的伟大构想中，更体现在对工作细节的耐心上，体现在做好每一件小事的认真上。工作无小事，细节往往决定成败，只有从细微处着手的人，才能够成就大事。

每一件所谓的“大事”，都是由一件件“小事”构成的。客服人员每天的工作是接听电话、传递信息、反馈问题这样的小事，军人每天的日常工作是队列训练、战术操练、巡逻这样的小事。即使是许多职场人所羡慕的高层领导，日常工作也不过是开会、讨论、表决这样的小事。许多职场人对于小事不屑一顾，认为这些事人人都会做、人人都能做，不能使自己有所提升，也不能彰显自己的能力。殊不知，所有的大事都是由小事构成的。一切的成功者都是从小事做起，无数小事经过积累，最终成就大事。

工作中没有任何一件事情是小到可以被抛弃的，没有任何一个细节是细到应该被忽略的。所谓“千里之堤，溃于蚁穴”，琐碎、简单的小事往往容易被忽略，但小事不注意，最终可能导致大事漏洞百出，造成巨大的损失。现代组织分工日趋精细，构成元素日趋复杂，不同环节与元素的关联度与依存度日趋提升，细节的重要性越来越得到凸显。哥伦比亚号航天飞机作为美国第一架正式服役的航天飞机，历经十年研制开发完成，机舱长 18 米，组合装置重约 2000 吨，能装运 36 吨货物。这个庞然大物于 2003 年解体坠毁，7 名宇航员全部遇难，主要原因竟是一个不起眼的零部件——隔热瓦脱落。所谓“一着不慎，满盘皆输”，由此可见细节的重要性。

所谓小事，往往看起来微不足道，其实却可能暗藏玄机。“在小事中找机会”，是一个职场人应当具备的。

加藤信三是日本狮王牙刷公司的一名普通员工，一次赶着上班，不慎将牙龈刷出了血，这件小事引起了加藤的注意。他开始思考解决刷牙导致牙龈出血的问题，在尝试了将刷毛软化、改善材质、调整刷头的形状等措施后，他最终发现将刷毛顶端改为圆形，可以有效解决这一问题。经过这一改进后的狮王牌牙刷销量直线上升，甚至占据日本同类产品40%的销售市场。而加藤信三，也因此获得了晋升。

加藤的晋升看似偶然，但偶然之中蕴藏着必然的因素。关注小事，从小事中发现机遇，体现了加藤热爱工作、善于发现问题的品质。做好小事，解决好小问题，体现了加藤积极面对工作，脚踏实地做好工作的精神，以及良好的解决问题的能力。以小见大，对待小事的态度，彰显出的是面对工作的态度。每一件小事，都可能成为大事，做不好小事的人，做大事也可能会出问题。值得一提的是，善于“在小事中找机会”的加藤信三，通过一件件小事的积累，最终成为狮王牙刷公司的董事长。

不屑于做小事的人，往往不会获得做大事的机会。小事做不好，自己的能力难以得到彰显；小事不认真，会使自己不务实、不可靠。“一屋不扫，何以扫天下。”对于小事都做不好的员工，领导通常是缺乏信任的，可获得的发展空间、表现机会也相应减少。退一万步讲，即使小事真的微不足道，它由领导交付在你的手中，便也意味着一份责任。事情虽小，但责任不浅。对小事的怠慢，暴露的是对责任的轻视，对承担的不屑。领导可能并不会在意你是否良好地完成了这件事，却一定会在意由此暴露出的你缺乏责任心的问题。面对影响重大的“大事”，领导自然不敢交由责任心缺乏的员工去承担。

不屑于做小事的人，往往大事也做不好。很多职场人认为，自己小事做不好，是因为这些事情太小，不值得花精力去关注。当面对大事时，自己打起精神，摆正态度，自然可以将其完成好。其实不然，日常生活中，与大事相比，更多的还是小事。缺乏小事的锻炼，大事面前，你会猛然发现自己眼高手低，无所适从。并且，以消极的态度处理小事，会培养一种消极的做事习惯，当遇到大事时，也会延续这种怠慢懒惰、敷衍应付的态度。因此，聪明的职场人会把每一件小事当作对自己的锻炼，通过小事了解组织状况、加强业务能力、培养认真态度、拓展人脉、磨炼意志，在小事中有所学习、有所收获、有所成长。

不要小看任何一件小事，所谓“小事”，重要性却一点也不弱于“大事”。一方面，任何一件事情都是由一个个细节构成的，再伟大的战略也离不开脚踏实地的点滴努力。对小事马马虎虎，很可能导致大事流于空谈，甚至造成“一着不慎，满盘皆输”的局面。另一方面，小事虽小，背后蕴含的责任、考验的能力却一点也不小于大事。甚至，小事往往比大事更能磨炼一个人坚韧的品质、持之以恒的信念、脚踏实地的耐心。因此，事情再小，工作再细，都不能成为你不认真、不努力的借口。想要成就大事，就必须做好小事。职场之中，即使面对重要程度 1% 的小事，也值得投入 100% 的热情。

做好每一件小事是重要的，但应当注意的是，小事要做好，并不意味着把主要的精力放在小事上，甚至只做小事。作为一个职场人，拥有“大局观”，会做大事，与做好小事之间其实并不冲突。大处着眼，小处着手，大事与小事本就可以有机地结合在一起。在树立远大的目标的同时，做好身边的点滴小事。学会仰望星空，也不要忘记脚踏实地。

◇ 职场没有借口

职场人的忠诚有三个层次：完成过程，实现目标，对结果负责。第一个层次，一般人都可以做到，连过程都无法完成的人，很难避免被组织淘汰出局的命运。第二个层次是大多数职场人奋斗的目标。反观第三个层次，则常常被忽视。努力实现目标对大多数人来说并不困难，无论出于对组织负责还是争取自身利益的考量，人们都希望自己所做的事情可以完成目标。但万一目标没有实现，出于自我保护的动机，大多数人的第一反应便是寻找借口。

目标没有完成，原因必然是多方面的，其中不乏许多客观因素。为错误寻找一个借口，也是为自己寻找一个出口。因此，借口的存在无疑是既合理又合情的。借口看似合情合理，实则是在推卸责任，告诉他人，也告诉自己，“这个结果，不怪我”。借口的存在，会掩盖你的不足所在，不足不被暴露便无从改善，成长与提升也无从实现。借口的存在，还会使你养成逃避问题的习惯，小心地将自己保护在心灵的安全区范围内，做事情时便难以抛去杂念、全力以赴。

这些经典的借口，你说过吗？

当事情完成得不理想、工作出问题、职场犯错误，大多数人都会下意识地找几个借口。但在积极为自己找借口的同时，大多数人却都讨厌听到别人找借口。面对找借口的同事，你会自然而然地认为他没有责任、缺乏担当、缺乏大局观，认为他不仅态度恶劣，而且可能会隐瞒事实，导致错过最佳补救时间，使问题扩大。每个人都不愿意与爱找借口的人共事，却难以避免自己在问题面前脱口而出的借口。大多数时候，借口不是因为真正面临了难以解决的困难，而是为了掩盖自己的失误与不足。借口看似是讲给他人听的，实际是在欺骗自己。

职场之上，存在着一些经典的借口。不妨思考一下，对于这些借口，你听到过几个？你又亲口说过几个？

1．“这件事我第一次做”

你是不是曾经以“这件事我第一次做”为借口，麻痹自己，逃避现实。然而，没有人在一开始就是专家，所有的人都会面临第一次，所有的事都存在第一次。人生有无数第一次，即使是吃饭、说话这种看来稀松平常的事情，也没有人是生来就会的。如果所有的事情都以“第一次做”为借口，我们就什么都不会做，什么都不能做。

当“这件事我第一次做”脱口而出时，不妨想一想，这件对于你是第一次的事情，一定也曾是其他无数人的第一次。别人能够做好的事情，自己也一定能够做好。如果这件事从来没有人做过，那么更要恭喜你，因为这意味着这件事情是一件具有开创性意义的事情，一旦做成便是一个巨大的成功，万一失败也是一次伟大的尝试。职场人千万不要自我设限，不要因“第一次做”而产生畏难情绪。勇于尝试，必将有所收获。

第一次做，有所缺憾是正常的，毕竟所有人都是从失败中总结教训，不断积累，不断自我改进与提升的。但“第一次”并不等同于“不会做”，不等同于“一定会失败”。以新人自居，认为“这件事我没做过，不会是应该的”“这件事我没接触过，完全没想法”，便是在为自己的懒惰、畏难找借口。对于新鲜的、未知的事情，或许你自身没有经验，却不妨碍你向他人学习，不妨碍你可以通过书籍、网络等多种途径搜集解决方案。通过不断观察、摸索、学习，“第一次”也可以做得很好。

2. “这件事跟我没关系”

“这件事不是我负责的，和我没关系”“这件事没有人告诉我，我不知情”“他和我合不来，能怎么办”“这件事一直就是这样的，我也没有办法”“这件事我早就说过了，是他们不听”……如此种种，是不是听起来很熟悉。这一系列借口虽然表述起来各不相同，但实际都是在表达“这件事不怪我，全怪他”。如此，将自己完全置身事件之外，急不可耐地撇清关系、划清责任，甚至将自己放在一个无辜受害者的位置上。

雪崩发生的时候，没有一片雪花是无辜的。每个人都是组织的一分子，组织的成长和发展与每一个部门、每一个人密切相关。把自己置于“无辜者”位置的同时，也将自己置身于组织之外，是一种不负责任的表现。同时，当领导找到你责问问题发生的原因时，大多数时候并不会是毫无根据的，即使你不是这一问题的主要负责人，通常也承担着间接责任。于是，当你脱口而出“这件事跟我没关系”时，可以想象给领导留下了怎样恶劣的印象。此外，总在别人身上找借口，还可能形成一种不好的思维习惯。久而久之，就会导致自己明明做错了事，却不自知，反而感到委屈、困惑，认为自己为“无关”的事情背了黑锅。因此，与其一直在他人身上找借口，不如从自己身上找原因，发现自己的不足之处，避免相似的情况再次发生。

退一万步讲，即使事情真的与你无关，当领导希望通过你了解事情的进展、询问问题的所在，就意味着在你与这件事之间建立了联系。与你无关，不代表你不应该对事情进行了解与把握，就疑点展开探索与询问，对顽疾勇敢挑战与突破。一个优秀的职场人，不能因“与己无关”，而选择不关心、不了解，应做到眼观六路、耳听八方。

3. “晚点再做”

相信对于“晚点再做”这句话，大多数职场人并不陌生。“晚点再做”四个字说起来简单，实际所暴露的，却是“拖延症”这种常见的职场病。

相信许多职场人都曾面临过这样的局面，明明已经制订好了计划，工作就摆在面前，但心中那个“晚点再做，来得及”的声音，却使你迟迟不愿着手去做；明明任务没有那么复杂，略花些时间就可以完成，但“晚点再做”却支配了你全部的行动，让你一拖再拖。晚点，再晚点，如此一拖再拖下去，直到在 Deadline 的压力下，再不着手就无法完成了，才匆匆开始。如此，不到最后一刻，绝不提前进行手头的工作。没错，这就是职场拖延症的经典表现，而“晚点再做”就是拖延症患者最常选择的借口。

为什么职场人偏爱找“晚点再做”这一借口呢？一方面，是源于应对压力时的自我保护。面对需耗费大量时间、精力成本的工作，更容易产生拖延心理，不到最后一刻不想面对这一压力。另一方面，是源于缺乏自信，害怕自己做得不好，总想多做些准备工作，因此迟迟不愿着手开始。再一方面，是源于追求完美的心理，不停地设想各种方案、又推翻这些方案，却一直没有将设想落到实处。当然，还有一些人过分自信，相信自己如弹簧一样，压力越大弹得愈高，将事情压到最后反而会效率更高。

对于大多数人而言，拖延其实并没有什么大不了的。因为，拖延未必代表误事，“晚点再做”不代表“不去做”。但职场之中，雷厉风行的人比拖延的人更容易抓住机会，也更容易在领导心中树立一个良好的形象。对于团队，拖延可能造成工作上的许多不协调和误解。对于工作本身，不拖延更有利于在一个相对放松愉快的状态下完成工作，质量相对更高。同时，有时候“晚点再做”真的可能导致工作无法完成。因为我们每天都可能面临新的工作、新的问题，旧的工作向后拖延，久而久之就会使问题与工作像滚雪球一样，越滚越大，越积越多。最终，导致工作难以完成，问题无法解决。

告别“晚点再做”的借口，不妨把大任务分解成小任务，一项项地去完成，给自己一个看得见的目标。列下任务清单，对自己做出承诺，将每一个“应该完成”，转换为“必须完成”。同时，将工作划分出轻重缓急，不要什么都做，什么都做不全，什么都做不好。

告别借口，“堵”不如“疏”

职场之中，员工最常见、管理层最头痛的情况，就是找借口。找借口虽令人厌恶，但在大多数组织中都是无法避免的，大多数人也是难以做到真正抛弃借口的。因为，借口从根本上讲，源于一种正常的自我保护心理。因此，人人都具有找借口的欲望，只是有些人能够克制自己这种欲望，或者有些人找借口的方式更高级、更容易被接受。不找借口，是组织对于一个忠诚员工的高层次要求，但并不能因此将“找借口”与“不忠诚”画上等号。

员工爱找借口，可能与其本身责任心不足、缺乏自信、抗压能力弱等原因有关。但如果一个组织中盛行爱找借口的风气，多半不是因为这个组织招了一批不忠诚的员工，而是源于不健康的组织文化。当工作中出现问题时，许多领导习惯性地将追究责任人责任作为首要任务，而不是关注问题将如何解决。这便导致上行下效，问题发生之后，员工第一反应不是查找问题发生的原因，而是防止自己成为问题的责任人。这种情况，在一个严苛的组织环境中更加明显。严苛环境会加重员工的心理负担，让其更容易出于自我保护而寻找借口。

运用强力手段堵住员工抱怨的口，堵不住员工推卸责任的心。当员工不再讲借口的时候，不代表他们学会了从自己身上找问题，还可能是因为知道领导讨厌借口而刻意选择了沉默。这种沉默有时比借口更可怕，他会使员工转而通过更加极端的“少做事”甚至“不做事”的方式，推卸自己的责任。因此，要想真正告别借口，“堵”不如“疏”。作为领导，应当营造更为安全、轻松的组织环境，当问题发生时，对下属员工尽量做到少责怪甚至不责怪，将重心放在问题的解决上。作为员工，也应尽力克服害怕被责怪、受惩罚的心理，问题发生时，多从自己身上找原因，并积极寻找问题的解决方案，不要将精力花在无谓的责任推诿上面。

◇ 不做“伪工作者”

有这样一群人，他们每天忙忙碌碌，却没有为组织创造多少效能。这种人被称作“伪工作者”，用一个较为通俗的方式描述，就是“出工不出活”。这种人看似忠诚而努力，实际却在浪费组织的资源，不利于组织的成长与发展。

不做“职场装忙族”

当代职场，“我很忙”几乎成了一句最常见的口头禅。每个人都从早忙到晚，一刻不能停歇。“忙”已然成为常态，似乎唯有忙才能体现对工作的忠诚，以及自我价值的实现。但事实上，我们真的有这么忙吗？那些职场忙人中，存在真正很忙的人，更存在假装很忙的人，两者的比例大约如少数成功人和大多普通人一样。职场之中，“装忙族”并不在少数。

各类职场经验介绍中，不乏“装忙攻略”。“不要把工位整理得太整洁，工位贴满便签，台历上写满工作标记，始终保证键盘旁边敞开着笔记本，并且有一支笔躺在上面”，“多在朋友圈发一些开始工作、还在加班等工作方面的东西”，“工作的文档不要全部关闭”，“只完成工作的99.9%，剩下的0.1%始终保留在老板检查或出现的瞬间”，如此种种。可谓“职场如戏，全靠演技”。

为什么要装忙？

一方面，装忙是一种无奈的职场生存哲学，毕竟没有一个领导希望看到自己的员工上班时间无所事事。“忙”可以使自己免受领导的责难，甚至可能因此给领导留下一个良好的印象。

另一方面，装忙是一种随波逐流的从众行为。在当今这个快节奏的时代，忙是常态，不忙则成了一种懒惰、没有上进心的表现。于是，不使自己忙起来，便会沦为职场边缘人，这在自己心中也是可耻的，不容接受的。

再一方面，装忙是一种懒惰懈怠的应付心理。每个人都具有懒惰心理，都期望自己的工作“钱多、事少、离家近”，期望自己以更少的付出得到更多的回报。而大多数工作都不是机械的“计件式”，同样的时间内，完成的工作越多，被领导安排更多额外的工作的概率就越大，且不一定能够得到相应的回报，甚至可能使犯错的概率相应增加。如此，在懒惰心理的作用下，大多数人会选择消极怠工，放低效率，甚至用“装忙”填补自己空余的时间，使自己看起来很努力，实际却没有做出相应的付出。

归根到底，“装忙”是一场表演。无论如何巧妙的伪装，都免不了“穿帮”的风险。而一旦“穿帮”，便会产生难以弥补的恶劣影响。开始装忙时，领导和同事可能会分辨不出真假，认为你真的很忙，此时的装忙甚至可能为你赢得夸赞或奖励。但一方面一个人不可能永远深陷相似的忙碌状态中，而工作成效的不足更可能使“装忙”完全暴露。此时，你在领导与同事眼中便成为一个虚伪、做作的人，引发大家的反感。如此，自然再难在职场立足。装忙有风险，偷懒需谨慎。即使你的演技足够出色，欺骗过所有的领导与同事，也难以欺骗自己。装忙终究不是真忙，假的终究还是假的，“装忙”忙不出业绩，忙不出能力，只是在浪费自己的时间。看似是“少付出，多回报”的得利行为，实际却是“因小失大，得不偿失”的愚蠢行径。

因此，与其研究如何“装忙”，不如使自己真正忙起来。领导安排的工作是有限的，但真正有效的“忙”是自己规划安排的结果。领导安排的工作完成了，那么不妨回顾一下，这次工作完成度如何，是完成了 80% 还是 120%？完成的过程中有哪些经验教训？是否拥有再度提升的空间？手头的工作完成之后，不妨想一想还有什么额外的工作可以完成，什么工作未来可能需要完成，为自己多找一些工作。没有需要完成的工作了，不妨思考一下自己还有哪些技能需要学习，拥有多少自我提升的空间，趁空闲多学习，为未来的挑战做好准备。当然，也可以利用空闲时间完成诸如工作流程优化、文件资料整理等耗时、零散又必要的工作，或者可以帮助领导或同事完成力所能及的工作。总之，只要你想让自己忙起来，就不怕找不到需要忙的事情。

不做“职场老好人”

如果说“职场装忙族”是假装自己很忙，不愿为组织创造效能；“职场老好人”则是真的很忙，也十分愿意为组织创造效能，却不会利用有限的时间“忙”重要的事情，导致虽然做了许多事情，但成效并不显著。“职场老好人”的突出特点就是“舍己为人”式的忙碌，不管自己的工作是否已经完成，不管他人诉求的工作重要性如何，只要是他人提出要求，便有求必应。

职场中大家都喜欢有亲和力、性格随和的“好人”，但调查研究却表明，好脾气的“职场好人”却常常不如比他们不好搞的“刺头”同事挣得多。这并非源于领导偏爱那些脾气不好的刺头们，而是“刺头”往往比“好人”更有胆量、有能力、有机会表达自己的立场，更能积极捍卫自己的立场和利益。

好人固然拥有比刺头更良好的人际关系、更稳定的工作环境等优势，但“好”到完全抛弃自我，只能依靠别人的目光来确立自己的存在，可并不太妙。成为“职场好人”固然不错，热心帮助同事，完成领导提出的额外工作，但“好”不能是毫无限度的，“职场老好人”千万不能做。“老好人”会使自己陷入一种十分忙碌的状态，使自己身心俱疲，却又无法得到相应的收益。久而久之，会在内心压抑诸多负面情绪，使工作变为一种煎熬。同时，你辛苦帮助的领导与同事，并未感受到你的不易，反而认为你的所作所为是理所应当的，甚至你的存在是可有可无的。

为什么会成为“职场老好人”呢？美国心理学家哈丽雅特·布莱克认为，职场老好人本质是一种习惯性取悦行为。布莱克分析“老好人”的出现源于对拒绝、冲突、批评、愤怒等消极情感的畏惧，因而陷入牺牲自己以取悦他人的恶性循环。“职场老好人”有三大心理要素——思维、情感、行为，相互联系、互为因果。在思维上，“职场老好人”受讨好思维控制，希望得到所有人的认可，依赖他人的看法而取得自我意识的满足。在情感上，“职场老好人”受逃避消极的情绪控制，通过顺从来保护自己，逃避处理愤怒、应对冲突。在行为上，“职场老好人”受强迫行为控制，即使自我亏待，也不愿说“不”，给他人施加压力。

除习惯性取悦外，“职场老好人”还可能源于自身能力不足。

由于经验能力不足，无法判断他人提出的诉求是否是紧急的、必要的，进而无法判断哪些诉求是可以拒绝的，哪些是不可拒绝的，因而不得不全盘接受。又由于缺乏核心竞争力，不具有不可替代性，因而不敢于表达拒绝。

职场之上，可以做“好人”，但不要做“老好人”，这其中对“好”的限度把握，大有玄机。不做“职场老好人”，首先要对自己形成一个清晰的定位，明确自己在组织中究竟处于一个怎样的位置，应当做哪些事，可以做哪些事。如果有时间有精力，且他人的诉求是有意义的，适时的帮助可以多积累一些工作经验，又可以拓展人脉，对自身发展也大有益处。如对方提出的诉求影响了你的本职工作，或者明显不合理，就应当果断拒绝。应当明白，即使是初入职场的“职场小白”，也拥有拒绝不合理工作的权利，更何况这些工作本就是额外施加在你身上的。当然，拒绝的时候应当注意方法。意见要明确，态度要坚决，但情绪要和善，在语言技巧的使用上也要有所注意。

同时，不断提升自身能力，打造属于自己的核心竞争力，使自己变得更不可或缺。只有自己拥有足够的能力，才有被尊重的价值，不会让他人“呼之即来，挥之即去”。没有核心能力作为后盾，“职场老好人”只是一个披着“好人”外壳的琐事“回收站”。帮助他人许多，却得不到应有的承认，反而在职场发展之路上举步维艰。

此外，应当注意心态上的转变。保持自信、独立的心态，掌控好自己的时间。设立专注时间段，全身心地将精力投入到核心工作上，勇敢地告诉向你求助的人“你很忙”，他可以稍后再来，或寻求其他人帮助。掌握好自己的工作局面，也告诉自己，你与那些向你求助的人处于平等的位置，你可以选择帮助他们，更可以拒绝他们。

◇ 为忠诚注入智慧

忠诚是一种使命，更是一种能够用结果衡量的行动。真正忠诚的员工不是一味地讲忠心、表决心，也不是一味地坚持、服从，而是真正具备良好的解决问题的能力。因此，忠诚不仅依靠强烈的责任心与使命感，更需要拥有智慧，找准方法，做好工作。

忠诚不是言听计从

现实生活中，有许多职场人没有正确理解忠诚的含义。他们错误地在“忠诚”与“言听计从”之间画上等号，奉行绝对的服从与机械的执行，将自己完全沉浸在领导的世界中。这样的做法，不是忠诚，而是愚蠢。而愚蠢往往会有悖于真正的忠诚，这也使许多职场人打着忠诚的旗号，甚至怀揣忠诚的意愿，行为方式却与真正的忠诚背道而驰。智慧的职场人会知道：忠诚不只是服从，更是负责；忠诚不只是坚持，更是突破。

忠诚不是毫无原则的牺牲，应当具有明辨是非的能力。无原则的忠诚付出是愚蠢的，也是无价值的。

失去自我判断能力，会使忠诚变得狭隘，沦为对领导的无条件效忠。许多职场人在领导面前唯唯诺诺，对领导百依百顺，领导说“一”便跟着说“一”，即使发现领导做错了，也绝不反驳，甚至还高声附和。更有员工将忠诚与“拍马屁”混为一谈，平日阿谀奉承让领导开心，工作中也尽量报喜不报忧。他们认为，与领导的论调保持一致，时时刻刻让领导开心便是忠诚的表现。其实不然，真正的忠诚不是让领导开心，而是做好工作，解决问题。所谓“忠言逆耳利于行”，忠诚从来都不是对领导的言听计从。

领导与员工，是介于两个独立、平等的主体之间的契约关系，只有双方均能实现发展最大化的双赢状态，才是最佳的状态。如果员工与领导之间沦为依附与被依附的关系，领导就会失去一个可靠的帮手，员工会失去一个自我成长、锻炼的机会，组织则更是面临坠入深渊的威胁。

站在领导的角度上，领导也可能会犯错误，也需要他人提出参考意见，需要必要的提醒与忠告。如果听到的都是下属的附和之声，便难以收获辅助决策的言论。优秀的领导者往往乐于倾听下属的声音，使自己的决策判断更准确、更接地气。正如唐太宗李世民所言，“以人为镜，可以明得失”。

站在下属员工的角度上，对领导的言听计从，不一定意味着收获领导的赏识。很多时候，言听计从会为领导营造一种缺乏主见、能力不佳的印象。领导不需要一个不知变通的执行机器，而需要一个积极履行职责的优秀员工。优秀的员工从来不把“要我做”作为工作的前提，不需要领导告诉自己应该做什么，怎么做，而是能正确领会领导的意图，将“要我做”变成“我要做”，充分挖掘各种可能性，创造非凡的业绩。

站在组织的角度上，对领导的言听计从不仅是不可取的，更可能是危险的。有时领导的决策本身可能是错误的，或者领导可能存在私心，此时的言听计从就是领导侵害组织利益的帮凶。真正的忠诚是站在组织的立场上，从组织发展的长远利益出发，考虑领导的决策和指示，对组织负责，勇于对不符合组织长远利益的决策，提出反对意见，甚至在执行过程当中，依据实际情况的变化，不断对既有决策进行信息反馈，提供修正意见，以保证领导决策始终符合组织发展的长远利益，不会出现错位、偏移。

由此可见，真正的忠诚不是对领导言听计从。误解了忠诚的真实含义，便可能落入愚忠的陷阱，造成“忠而不忠”的局面，为个人、领导、组织造成不可挽回的损失。真正的忠诚，要有智慧的注入，应讲求独立思考、明辨是非、脚踏实地、求真务实，积极主动将组织目标、决策落实到行动中。这需要员工熟悉组织的文化、结构、运作模式、奋斗目标，读懂领导的追求、性格、决策习惯、管理艺术，使自己具有明辨是非的能力，能够对领导决策进行准确的判断与把握。同时，掌握恰当的工作方法，提升工作效率与工作质量。例如，学会“一次只做一件事”，以专注的心对待工作，防止在繁多的工作之中迷失自我，最终什么工作都有涉足，但什么工作都没做好。此外，增强工作的主动性，不仅拥有自己的想法与判断，更能将这些想法落到实处，将工作做好。

如此，真正的忠诚便不再是一种牺牲，而是一种双赢。智慧注入忠诚，使决策更准确，工作完成度更高，领导与组织成为天然的受益者。而自己也在积极主动履行职责的过程中，获得提升，并逐渐成为职场中不可替代的一分子。

忠言也需顺耳

古人云：“良药苦口利于病，忠言逆耳利于行。”这句耳熟能详的话流传甚广，以至于人们很少思考，良药是否一定苦口，忠言能否也做到顺耳。其实，这句古语相比于讨论忠言是否逆耳，更多的是在讨论忠言是如此之重要，以至于即使逆耳也是利于行的，应当认真倾听。至于忠言是否真的逆耳，那倒未必。忠言不仅可以顺耳，而且应当努力实现顺耳。

中国古代，不乏巧言进谏的典故，证明忠言也可以通过顺耳的途径表达出来。《说苑·正谏》中有这样一个故事。吴王要攻打荆地，警告左右大臣说："谁敢劝阻就处死谁！"一个年轻的大臣想要进谏，却又慑于吴王的警告，不敢明说。于是，每天拿着弹弓在后花园转来转去，任凭露水打湿他的衣服。吴王很奇怪他为什么这么做，便招来问询。大臣回答说："后花园里有一棵树，树上有一只蝉。蝉停在高高的树上，放声地叫着，饮食露水，却不知道有只螳螂在它的身后；螳螂弯着身体贴在树上，想扑上去捕蝉，却不知道有只黄雀在自己身旁；黄雀伸长脖子想要啄食螳螂，却不知道我要用弹弓将它射落下来。它们都极力想要得到眼前的利益，而没有看到它们身后暗藏的危机啊。"吴王听了这段话之后，心领神会，取消了攻打荆地的行动。

由此可见，忠言是可以做到顺耳的。运用恰当的说话技巧，完全可以既简明扼要地达到规劝的目的，又让对方在不失面子的同时，明白自身错在哪里。通过智慧的注入，以领导易于接受的方式表现忠诚，可谓一举多得。

忠言顺耳不仅具有可行性，而且具有必要性。忠言"逆耳"，轻则使忠言不被采纳，更为严重的是，可能使谏言者与纳谏者之间顿生嫌隙。中国古代，不乏"文死谏"的例子。例如春秋时期的名臣伍子胥，看到“勾践隐忍，不灭越后患无穷”，屡屡向吴王夫差进谏，请求一举消灭越国。进谏时毫不给吴王留面子，甚至直言“二十年后之吴宫恐已为其（越）池沼”，引得吴王震怒，一步步疏远伍子胥，最终将其赐死。伍子胥固然表现了自己的忠诚，但以死进谏的做法难免招致吴王震怒，最终为自己引来杀身之祸。逆耳的忠诚为自己引来被诛杀的横祸，使君主背上暴虐无道的罪名，国家也没有因此避免灭亡的命运，几乎算作一种无谓的牺牲。

当代职场中，不恰当的谏言方式固然不会引来杀身之祸，却可能使你与领导的距离越来越远，谏言的内容也难以得到采纳。因此，忠言顺耳是一门应当被掌握的艺术。忠言的表达应当注意时机与方法，可以借助别的事物，间接地让领导去领悟；也可以在错误行为之中找到合理的、值得褒奖的部分，适当附会；甚至可以故意将错就错，引导领导主动认识到存在的问题。当然，最愚蠢的做法莫过于意气用事，直言相劝。这样不仅不能起到劝谏的作用，反而让领导感觉自己的权威受到挑战，面子受到损伤，使双方逐步对立、疏远。更可能使领导为维护权威，固执己见，使待解决的问题陷入更深层次的困境。

4 chapter

练好内功

实力是最好的话语权

职场之中，需要注意的地方似乎很多，既要做好工作，又要和同事建立良好的关系，又要读懂领导、令领导满意……这些纷繁复杂的注意点常令职场小白手足无措，关注这一点，又忘了那一点。其实，职场是一个特别现实的地方，拥有一项通用的基础性规则：拥有实力才拥有话语权。职场的加分项千差万别，但其中也蕴含着一定之规，就是练好内功，做更好的自己。所谓“打铁还靠自身硬”，出众的实力足以支撑你在不一样的职场环境中游刃有余。

职场之中，“硬实力”是不可缺少的。所谓“硬实力”，就是专业技术能力。“硬实力”要求职场人拥有至少一项别人无法比拟的长处，简单来讲就是要拥有“一技之长”。任何一个组织雇佣员工，首要需求都是能够创造良好的工作业绩。拥有“一技之长”，能够切实为组织盈利做出贡献，自然能够收获更多的尊重，享有更多的资源与发展空间。同时，“一技之长”往往不依托于某个组织或团体存在，而是属于你自身的，别人无法剥夺、替代的，这便使你在组织中实现价值升值，掌握更多主动权。

当然，职场“硬实力”并不止步于拥有“一技之长”，更强调技能的应用及更新。只拥有相应的学历、资格证书，不能应用到工作实际中，绝不是一个有实力的职场人。真正的“硬实力”，讲求既具备突出的工作能力，更能运用能力出色地完成工作。因此，“硬实力”的最终落脚点，在于尽职尽责、保质保量地完成工作，这也是一种良好职场执行力的体现。

除了“硬实力”之外，职场“软实力”也是不可缺少的。当今社会，想在激烈的职场竞争中脱颖而出，只依靠傲人的学历、过硬的业务能力等“硬实力”是远远不够的。良好的人际交往、协调沟通、自我管理等职场“软实力”同样是不可缺少的。相比于面向工作的硬实力，软实力更侧重与人相处的能力。毕竟，职场中除了应对纷繁复杂的工作之外，更要面对领导、同事等一个个性格迥异、需求不同的人。职场实力，不仅要看工作本身，更体现在与人相处的方方面面。

无论“硬实力”与“软实力”，对于职场人都是不可缺少的，无论缺失哪一方面的能力，都可能让一个职场人遭受巨大的创伤。“硬实力”的专业技能，搭配“软实力”的相处之道，才能够帮助你拥有更出色的工作表现。

◇ 让自己更值钱

职场如同千帆竞渡的赛场，每个职场人都想在百舸争流的激烈竞争中立于不败之地，使自己迅速脱颖而出，成为组织中不可缺少的一部分。而脱颖而出的关键，在于通过不断学习，让自己变得更值钱。因此，一个职场人最好的投资，便是对自己的投资。把学习当成习惯，不断实现自我增值，实现自我职业生涯的可持续发展。

多做勤学，夯实基础

几乎每一个职场人都知道自我增值的重要性，当自己变得更值钱，便能在为组织创造更多价值的同时，使自己拥有更多物质、精神上的收获。但道理讲出来容易，做起来却并不简单。很多职场人卡在自我增值的第一步，不知道自己应该选择学习哪些技能才更有助于以后的发展。

初入职场的小白们，缺乏职场经验与社会阅历，似乎什么都不懂，什么都需要提升，因而往往陷入一段手足无措的迷茫期。小白们通常希望自己一进入职场，就获得一个与专业技能相匹配的职位，拥有清晰的发展路径与上升渠道，而事实往往并非如此。大多数人的职场之路都不是精心规划出的，而是在行动中逐步清晰、纠偏、确认的。此时，与其思考究竟应当学习什么来提升自己，用一个“等”字浪费机会与时间，不如尽早行动起来，多做勤学，夯实基础。毕竟，尽管职场小白普遍经验较少、价值较低，但组织对其要求也相对较低，且此时大多数一同加入组织的小白们也处于同样的迷茫期，你只需把握住一个“勤”字，多做勤学，便足以脱颖而出。

初入职场学什么？第一课莫过于学会适应环境。要了解你所加入的组织，以及组织中的人，并积极主动地适应他们，加速融入组织环境当中。初入职场，职场小白们面临的最大变化莫过于身份角色的转变，从一个求职者转变为职业组织中的一员。这一阶段，自我增值的最好方式莫过于尽快实现职业化，使自己与组织实现充分契合。但在这一阶段中，职场小白往往发现自己面临的大多是整理文件、收发包裹等“打杂”的工作，似乎与自我提升毫无关联。其实不然，“打杂”可以说是每个职场人成长的必经之路。初入职场时，对于“打杂”类工作认真对待，可以锻炼你的耐心、责任心，并为你在领导、同事眼中留下勤奋、肯干的良好第一印象。同时，“打杂”类工作看似零散、没有技术含量，却一样可以有所收获。所谓“世事洞明皆学问”，通过“打杂”，可以熟悉组织的制度规范、部门分工、基本业务流程等信息，更加了解组织及组织中的人，为后期工作与晋升奠定良好的基础。

初入职场第二课，在于找准方向。根据组织的标准、要求，找寻自己的提升方向，是一种较为常见的自我提升方式。在了解组织的发展目标、价值追求、行为规则后，对照自己想做什么、能做什么，就相对地明确了应如何调整自己的行为、着力发扬自己的哪些优势、尽量补齐哪些短板，以适应组织的成长与发展。例如，在一个提倡参与、表达的组织当中，性格内向的员工出彩的机会便相对较少，需要相对应地提升自己的参与表达能力，使自己更适应组织的需求。对组织环境的不适应，会使一个职场人难以在组织中生存下去。而在了解组织需求的情况下，依旧不对症下药、积极配合，则无疑是自行斩断发展之路的愚蠢之举。

初入职场第三课，在于积累经验。职场小白的一大优势，在于拥有较多的试错机会，可以在不断尝试中积累经验，迅速成长。对于职场小白，逻辑思维能力、口头表达能力、文字组织能力、办公软件使用能力、解决问题能力等基础能力是职场的基本功，是成长为一个职场人的关键。基础能力对于一个职场人来说是基本的，也是“多多益善”的，应当尽量早、尽量多地积累。除基础能力之外，还有专业能力。对于专业能力，职场小白应当多向职场前辈学习经验，从模仿开始，明白自己应当做什么，应当怎么做。在对自身职业形成较为系统的了解之后，站在更加实际的角度上，评估自己是否适合长期从事这一职业，如不合适，应当及时止损。若是下定决心，将这项职业作为自己长期从事的事业，便要开始多在自己的职业技能提升方面下功夫。

初入职场第四课，在于学会学习。职场小白的另一大优势，在于拥有充足的热情。初入职场往往“初生牛犊不怕虎”，拥有做事情的想法与决心，但是缺乏经验与方法，极易造成“眼高手低”的结果。应当尽快让自己沉下心来，投入到日常的点滴工作中，在保有“小白”那份对未知事物充满求知欲的好奇之心的同时，通过学习摆脱思维困境。懂得学习的重要性，更要学会学习。应尽快养成持续学习的良好习惯，不因工作的忙碌或暂时的安逸，放弃自我提升。初入职场时，每个人的差距并不大，竞争压力相对较小，所从事的工作也往往相对简单，似乎没有自我提升的必要。然而，若将眼光放长远，便不难看出，此时正是自我提升的最好时机。好的学习习惯，会使整个职场生涯受益。除了良好的学习习惯之外，掌握适合自己的学习方法也十分重要。找到自己的学习节奏，学会利用碎片化时间自主学习，往往可以达到事半功倍的效果。

重点突破，彰显价值

如果说职场小白自我升值的方式是迅速了解组织、融入组织，已经适应了职场环境的职场人的自我升值方式，则更聚焦于所从事的职业本身，强调如何将工作做精做细，实现专业化。

当我们对职场成功者们进行分析时，往往会发现他们的经历、个性、机遇大不相同，但都离不开在本行业内深厚的经验积累，都是沿着基本稳定的行业目标不断前行的。成功需要时间与付出，因此扎根行业的持续付出，对于一个职场人是必不可少的。当你下定决心将某一职业作为自己长期从事的事业以后，便不要因为奋斗路上的坎坷与阻碍而轻言放弃。应当明白，世界上不存在完美的职业，每个职业在具有吸引你的优势要素的同时，也一定具有不为人知的辛酸。当你确定了一项事业时，即使那只是一个模糊的行业方向，也要向着它不断努力，积累经验、技术、人脉，在摸索中不断使自己未来的方向越来越清晰。但一定不要因为前进道路中的困难，或者他人的风言风语而轻易转舵。努力奔跑，总好过原地徘徊。

在这个发展迅速的社会，职场人普遍存在焦虑心理，人们希望找到一条迅速获取物质资源的路径，但却忽略了线性积累的重要性。行业经验、人脉、渠道等无形资源的积累过程可能无声无息，但量变积累终会导致质的飞跃，在职业后期以“机会”的形式呈现出来。职场之中，应当尽快确立自己的目标，包括宏观的方向性规划以及细小的细节性计划。小的计划可以根据实际情况变化而调整，大的宏观方向则不要轻易变化，恰如变换具体路径，最终还是为了到达同一个目的地。在目标确定之后，就要围绕这一目标着手各类可以实现自我增值的事情，最终构建自己的核心竞争力。若是工作一两年，感觉没有明显提升便“思变”，不要贪图现有的安稳职位，应该尝试踏上不同的道路。但也在不同职业选择间飘忽不定，否则只能使自己停留在职场初级阶段。

专业性是职场立足的前提，也是职场后期发展的基础。在选定职业发展方向后，进行有侧重性的专业技能培养就变得十分有必要了。这些专业知识学习与资格证书考取的过程，可能是十分枯燥、乏味的，是大多数人所不喜欢的，但更是专业性的重要证明。不要认为理论知识在工作中不再重要，它是比工作实践更直接的自我证明方式。当然，在理论积累的同时，对于那些“只可意会，不可言传”行业经验的积累同样重要。经验积累在向同事、领导、前辈的学习中实现，也在自我工作实践总结归纳中实现。

除了在专业性提升方面重点突破外，职场人同样不应忽略人际管理的重要性。在人际管理方面不应耗费太多的精力，但应注意抓住几个关键点。要点一，在于赢得领导的信任。赢得领导的信任是职场发展的一条捷径，且与个人能力不一定成正比，因此应当予以特别关注。超乎期待的工作表现，良好的沟通能力，以及对细节的准确把握，都是赢得领导信任的重要途径。要点二，在于与人为善，不在职场树敌。职场中，会遇到形形色色的人。不一定也不可能与每一个人成为朋友，但至少不要成为敌人，不要为自己的职场之路增加阻碍。

开拓思维，先人一步

专注于专业技能、业务水平的提升，可以使职场人更好地应对工作中的各项挑战，成为一个“能解决问题”的人。但如果不想止步于底层岗位，满足于做一个“熟练工”，就应当为自己的晋升之路早做打算。晋升之路并非只有一条，可以根据自己的性格、能力、价值追求等因素进行自主选择。道路没有好坏之分，关键看与自己是否契合，以及有没有先人一步，早做准备。

如果你技术能力强，热衷于钻研尖端技术，不妨选择技术路线，努力精进技术，向着“技术专家”的方向发展。当然，更多的人对于专业技术没有这么热衷，向管理方向发展便成为更多职场人的选择。

晋升路线虽然千差万别，然而无论选择哪种路线，以下几个要点都需要特别关注。一是，使自己更具不可替代性。或在技术水平上，或在沟通协调上，或在战略决策上，培植自己的核心竞争优势。这种优势必须具有一定的门槛，且不会随着时间的推移而被稀释，具有可用、耐用、不易模仿的特性。核心竞争优势是先天优势的定向发展，以及外部资源的有序积累合力作用的结果，是生存发展的前提，也是后天转型的基础。二是，重视关联业务学习。所谓关联业务，就是指自己岗位之外的业务。对关联业务的把握，可以使自己站在一个更加宏观的角度，系统地考虑问题。三是，培养管理能力。晋升，往往意味着从一个执行者到管理者的角色转变，所需要的不仅仅是解决问题的能力，更需要决策、组织、协调等多方面的能力。从个人管理向平台管理转型，不仅需要自己能够做事，更要能管理他人做事；不仅需要学会如何提升自己的能力，更需要学会如何整合他人的资源。

把握晋升路径，积极自我增值，目标在于打造个人职业品牌。拥有职业品牌，意味着拥有核心竞争优势，能够在众多同辈之中脱颖而出，无论晋升、跳槽，甚至自主创业，都能吸引大量优势资源相继靠拢，更容易迈向成功。职业品牌的打造，首先依靠突出的业绩。自我增值的前提，在于做好本职工作，先实现保值，才能进而追求增值。每个行业都拥有自己的“朋友圈”，如果你在行业内能够做出一些响当当的项目，便不愁自己不会脱颖而出。同时，品牌是需要塑造的。过硬的核心能力是必不可少的，适当的包装也是不应忽视的，不错过社交发言、媒体宣传等机会，勇于出彩。此外，职业品牌的树立固然重要，职业品牌的维护更加值得关住。不要在“忠诚度”“诚信力”等原则性问题上犯下错误，那会成为你职业发展中难以洗刷的污点。

晋升需要能力，也需要机遇。在建立自己核心竞争优势的同时，应留意每一个可能的晋升机会，把握从员工到领导的“关键一跃”。练好内功，抓住机遇，就能使自己备好成功的内外要素，先人一步踏上晋升之路。

◇ 高效工作有方法

执行力就是说服力。在有限的时间中，高质量地完成更多的工作，显然更容易得到领导的青睐。工作缺乏效率，即使终日忙忙碌碌，也难以做出成绩。高效保质地完成工作是每一个职场人必须掌握的技能。

抓住工作的重点

职场中，很多人都会面临这样的情况，领导的诉求很多，对工作提出的要求多而复杂，并时有临时分配的工作出现。工作的过程中，又经常一项工作牵出另一项工作，工作越忙越多，工作时间越来越长。自觉已经很努力地在快速完成每一项工作了，实际上却效率低下，做不出什么明显的成绩。于是，每天风风火火、加班加点，一天到头似乎做了很多事情，又似乎都没有忙到点子上。

反观那些职场精英们，面对领导的诉求从来镇定自若，工作完成得又快又好，每天并没有那么忙。他们究竟是怎么做到的呢？

在繁多诉求面前手足无措，在众多工作之间身心俱疲，整日忙碌却不见成绩，努力很多却收效甚微……这一切都是源于你没有学会抓住工作的重点。

面对复杂烦琐的工作，需要进行一个有效的梳理。发现哪些是重要的，哪些是不重要的。

分清轻重缓解的关键在于学会换位思考，明白领导真正希望你做什么，希望你的工作达到怎样的成果。但许多职场人可能依旧困惑，因为领导的要求往往是繁多的，变动的，不断有新的工作要求、工作内容出现。被动接受领导的工作安排与要求，造成的结果往往是自己的工作内容不断变动，工作规划不断被打破。这是源于你过分关注领导对工作的具体要求，而没有看到这些要求背后的联系与潜在逻辑，仅从局部考虑问题，自然难以把握问题的关键所在。如果不能透过现象看本质，发现领导真正需要你做什么，不妨关注一下工作的核心指标。核心指标一般点明了重点工作，并且不会存在大幅度的调整，既具体又明确，可以帮助你快速而准确地发现领导真正需要什么。

职场之中，时间是有限的，更是宝贵的。将有限的时间集中于重要的工作，是提高工作效能的有效方式。基于此，美国著名的管理大师史蒂芬·柯维创造了四象限法则，通过时间管理实现高效工作。

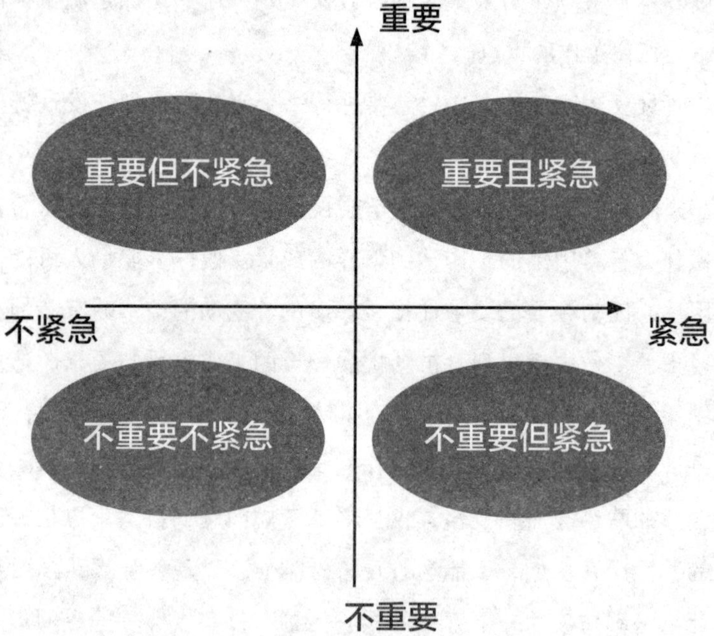

四象限法则

史蒂芬·柯维按照“重要程度”与“紧急程度”两大维度，将工作划分为“重要且紧急”“重要但不紧急”“不重要但紧急”“不重要不紧急”四大象限，并相对应地提出了“马上做”“计划做”“授权做”“减少做”四种工作策略。以期通过厘清工作的轻重缓急，实现有规划、有目的地工作，进而提升工作效率。

对于“重要且紧急”的工作，如危机公关、重要会议、重大项目谈判等，无法回避也不能拖延，必须优先解决，否则将会产生非常严重的后果。职场生活中的绝大多数危机，来自“重要且紧急”的工作。对于这类工作，应当运用准确的判断能力，以及果敢的应急处理能力，马上着手去完成。

对于“重要但不紧急”的工作，如参加培训、提出问题、处理建议等，看似不紧急，却不能置之不理。这类工作十分重要，又有充足的时间去准备、去做好，投资回报率最大，因而应当投入主要的精力与时间。同时，这类工作如果不能处理得当，极易演变为“重要且紧急”的工作，因而要及时制订计划，分解任务，实现未雨绸缪，防患于未然。

对于“不重要但紧急”的工作，如电话、突然的访客等，往往因其紧迫性而体现出很强的欺骗性，制造出其很重要的假象，耗费大量的时间。这类事情往往是工作忙碌而低效的源头，应尽量放权交给别人去做。

对于“不重要不紧急”的工作，如发呆、闲聊等，意义很小，又很难缠。这类事情固然可以用于调整自己的身心状态，但可做可不做，又浪费时间，应尽量减少处理这类事务的频率。

四象限法则，可以帮助我们对纷繁复杂的工作进行排序，厘清哪些必须完成，哪些尽量不做，哪些应当率先完成，哪些可以授权他人去完成。职场中，每人每天都会面对很多不同的事情，学会聚焦把控重点，便可以随时紧盯主要任务，不至于迷失在工作的海洋中。当然，对于某项单独的工作，也应当学会抓重点。要明确工作的实现目标、截止日期、易出现错误等重点，制订计划把握关键时间节点，就可以对复杂工作建立简明清晰的认识，更高效地做好工作。有了对工作重点的把握，更可以在工作执行出现模糊或偏差时，随时复盘，及时调整方向，不至于由一项工作牵连出多项工作，出现越忙越乱的困境。

以计划为指南

美国行为科学家艾得·布利斯，通过行为实验证明：用较多的时间为一次工作做事前计划，完成这项工作所用的总时间就会减少。这一理论被命名为“布利斯定理”。相似地，管理大师史蒂芬·柯维提出：任何事物都需要两次创造，第一次是在脑海里酝酿，第二次才是进行实质创造。大师们用理论或实践，不约而同地揭示了这样一个道理：计划是重要的，计划是工作的说明书，是行动的指南。

计划不是工作的罗列，不是将你所能想到的工作流水账似的全部记录出来。计划是围绕目标产生，一切以结果为导向的。每一个组织都存在自己的核心目标，在核心目标的基础上，组织会根据业务设计和组织架构，将核心目标分发给每一个成员。因此，每一个职场人在计划制订之前，都应当明确自己的工作目标，以及整个组织的工作目标，才能找准位置做正确的事情。无论面对任何工作，都应当率先找到决定结果的关键因素，提出核心解决策略。核心解决策略应当是一个基于结果的合理化假设，即采取B措施以实现A结果。在开始细化计划之前，不妨多花些精力分析核心解决策略的合理性及可行性，否则基于错误的核心，再严谨细致的计划，也会偏离工作目标，或者根本无法落地。

在确定核心解决策略之后，就要对计划进行拆解，将一个相对宏观的策略拆解为一个个可量化、可评估的小任务，再一步步实现它们。这样做具有以下好处：一方面，能够保证整个计划既是以结果为导向的，又具有很强的可操作性；另一方面，能够对工作内容进行预演，并对每一步的结果进行及时评估，防止执行中出现的小偏差，因未及时纠正演变为大错误。

在对计划进行拆解时，应当注意思维缜密、逻辑严谨，防止拆解出的小任务存在彼此重叠，或有所遗漏的现象。其中，麦肯锡咨询顾问芭芭拉·明托总结出的MECE法则，是一种常用的思维工具。MECE法则选取“Mutually Exclusive Collectively Exhaustive”各词首字母缩写，意为“相互独立，完全穷尽”。即对于一个重大议题，能够做到不重叠、不遗漏的分类，而且能够借此有效把握问题核心，并解决问题的方法。MECE法则包含两大关键点：一是各部分之间彼此独立，互不干涉；二是所有部分完全穷尽，所有部分的合集即为整个议题。可以说，凡是好的分类，都符合MECE法则，工作计划的拆解也不例外。

根据MECE法则，计划制订的第一步，在于明确想要达到的目的，以为计划的制订设置边界，使“完全穷尽”成为可能。第二步，在于确定核心解决策略，找到合适的切入点。第三步，在于按照某一维度进行细分，直到根据现有信息无法向下分解为止。通常，会按照时间的维度，按照计划执行的先后顺序，进行细分。当然，也可以按照计划中各部分的重要程度进行细分。关键在于将大目标拆解为小目标，将较为宏观的策略转变为一个个可执行、可测量的操作路径。最后，对已拆解的计划进行复核，检查是否具有明显的遗漏或重复，并在计划中加入弹性时间，防止有紧急事件突然插入，为计划执行留有余地。

应当注意，计划虽然承担“指南”的作用，但计划的制订与执行并非两个完全分离的阶段。在计划的执行过程当中，受到外部环境变化及其他因素的影响，往往会出现实际工作与所制订计划相偏离的情况。应当利用表格跟踪法等方法，对执行的进度进行及时把握，及时发现“偏离”情况。当这种偏离或违背核心解决策略的问题出现后，应当及时予以纠正，防止工作走上错误的轨道。但这种偏离也可能是组织目标调整、突发情况出现、工作效率高于预期等原因导致的，此时则应及时对计划本身进行调整。总之，要具体问题具体分析，灵活地应对。

一次只做一件事

以色列企业管理大师艾利·高德拉特曾经提到过这样一个观点：传统生产企业中，造成工人工作效率低下的原因，不是懒惰懈怠，而是“不良多工”。

何谓“不良多工”？很多情况下，一个人手中会同时存在多项工作。当你停下手头的工作，转而去完成另一项工作，一段时间后又回来进行前面停下的工作，这种情况就叫作“不良多工”。简单来讲，就是“多任务工作”。

“不良多工”的现象，在现实职场中其实并不罕见。举一个简单的例子，你原本计划今天上午完成一份报告，在上网浏览资料时，一不留神就刷起了新闻。好不容易将注意力回到报告上，右下角的微信头像又闪动起来，提示你有新的信息亟待查收。突然的电话打断你好不容易开始的思路，同事的窃窃私语也让你心烦意乱。更不巧的是，领导也突然找到你，要派发一项紧急任务。于是，上午完成一份报告的计划就彻底泡汤了。当然，并不是每一个上午都会出现这么多干扰因素。但随手查看几个信息，回应领导或同事的询问，却是再正常不过的事情。这些“小事”看似不会占用太多的时间，却在谋杀你的工作效率。密歇根大学研究调查显示，这些“小事”对工作效率的降低拥有惊人的影响，甚至可以使降幅达到20%至40%。“不良多工”使你看似是在充分利用时间，协调处理多项事务，实际上却造成了你的效率下降，有效产出大幅降低。所以在“不良多工”的条件下，你会觉得自己越努力，效率反而越低下。

为什么在有限时间内塞入更多工作，反而会导致效率下降呢？

一方面，“不良多工”现象的出现，会导致认知负担的加重，大脑状态变差，让人更容易犯错误。明尼苏达大学商学院教授索菲·勒罗伊研究表明，当一个人从未完成的任务A切换到任务B时，大脑中仍存在部分任务A的“注意力残留”，占用对任务B

的认知资源，导致对任务 B 的投入程度降低。而 AB 两种任务同时占用大脑认知资源，更会导致大脑产生“多目标焦虑”，工作状态更差。这样一来，不仅使效率大幅降低，更使工作失误率成倍增长。

另一方面，“不良多工”现象的出现，会干扰正常的工作记忆。人的工作记忆空间其实十分狭小，并不能存放太多信息。这就导致当重新开始之前中断的工作时，往往会丢失之前的思路。需要花费大量的时间与精力，重新梳理工作思路，找回工作状态，再着手执行。

因此，提升工作效率的一大良方，就是告别“不良多工”，学会“一次只做一件事”，以专注而投入的状态对待工作。在一项工作开始之前，做好各项准备工作，排除杂念，全身心地投入其中。为工作设定阶段性目标，从微小的反馈中获得激励，增加工作的吸引力，进而使自己更投入，实现正向循环。同时，在工作的过程中，应注意营造良好的工作环境，隔绝干扰。那些微信、QQ、邮件信息，并没有你想象的那么重要，完全可以等工作告一段落后再集中处理。三心二意、多任务并行，不会使时间利用更充分，反而可能导致工作效率与质量同步下降。相反，一次只做一件事，反而能够提升工作效率。

◇ 相处是一种能力

职场不是一个人的战场，无论你愿意与否，都要面对领导、同事等形形色色的人。相处是一种能力，每一个职场人都必须具备。不会与人相处，会使你的职场生涯处处碰壁，寸步难行。

如何使他人喜欢你

拥有良好相处能力的一大表现，便是拥有职场“好人缘”，即在职场中成为一个受欢迎的人，获得大家的喜爱。所谓“多一个朋友多一条路，多一个敌人多一堵墙”。虽然，职场是一个充满竞争的地方，但“好人缘”无疑会使你在竞争中更具优势，至少可以少一些不必要的阻碍。

人际关系学家戴尔·卡耐基有这样一句名言：“如果要使他人喜欢你，如果想要他人对你感兴趣，需要注意的一点就是，谈论他人感兴趣的事情。”换言之，就是要告别以自我为中心，学会换位思考。

心理学中，有一个著名的“钥匙理论”。钥匙理论认为，真诚是打开封闭心灵的钥匙，只有心与心的交往才能产生共鸣。一般人为避免受到伤害，往往对外界充满警戒，但人与人之间的相处，很大程度上依赖心与心的交流与碰撞。因此，真诚是相处的第一原则。真诚可以消融人际关系的坚冰，即使是面对一个陌生人，一句真诚的话语，一个体贴的动作，也足以拉近彼此的距离。相处是一种双向互动的成果，人与人在情感上的融洽和相互喜欢，可以强化人际间的相互吸引。简单来讲，就是如果想使他人喜欢你，就先对他人释放出善意的信号。一个以真诚的心去关心他人的人，在两个月内交到的朋友，要远多于一个总想他人主动发现自己、喜欢自己的人，在两年内交到的朋友。

心理学家阿德勒曾感叹说：“对他人漠不关心的人，一生中遇到的困难最多，对他人的损害也最大。”以真诚的心对他人释放善意，是聪明职场人的选择。但真诚也不是毫无保留的，知无不言，言无不尽，往往不会以真诚换回真诚，反而会伤害别人、伤害自己。轻易和盘托出，交出自己的底牌和底线，不是真诚，而是愚蠢。学会恰到好处的真诚，谨言慎行，少说多做，才会让职场之路，走得更稳更快。

位置决定视野，视野决定思维。职场中，由于每个人所处的位置不同，思考的方式往往也因此不同，这便为相处设置了诸多障碍。因此，换位思考是一种必要的能力。当问题出现时，站在他人的角度想一想，很多问题便迎刃而解。举一个简单的例子，加薪是每一个职场人所希望的。自己的贡献比以前大，公司发展得更好了，自己工资低于同期员工……这些都是常见的加薪说辞，但领导往往并不认可。站在员工的角度上，贡献大、工作辛苦、工资低，得出薪资提升的结论是十分自然的，领导的不认可未免太不近人情。不妨站在领导的角度上去思考这一问题，对于加薪，领导倾向于从经营成本上考虑，自然是能不加薪就不加薪。一定要加薪，那也绝不是出于对员工的奖励，或者追求公平的考虑。虽然“共享发展成果”是许多组织所宣扬的，但成果共享的口号的实质是为了更好地激励员工创造更多价值。因此，下次提加薪时，不妨站在领导的角度，多讲一讲自己未来可以创造的价值，以及离开组织可能获得的市场价值，说不定就可以得到意想不到的收获。

当然，想使他人喜欢你，让他人认识到你的价值是十分重要的。一个残酷的事实是，人们普遍更倾向于与实力强的人交朋友。因为实力强的人具有更多财富、人脉、机遇等资源，与之交友显然更有收获。“弱国无外交”，具体到个人也是如此。想让自己受欢迎，有实力、有价值是必不可少的，让他人认识到你的价值更是十分重要的。多为他人提供帮助，大胆分享自己的想法，使自己身处众人目光的焦点，可以使自己的价值得到更多人的关注。同时，这种主动出彩也使自己的形象更加阳光、自信，这正是创造亲密感的关键。

此外，使他人喜欢你，也需要拥有一些小技巧。对话时，可以故意停留几秒钟，观察对方的反应，判断对方的性格、情绪，以便对症下药，将对话引向更加和谐的方向。一点一点，慢慢向对方传达你的资讯，不会因释放太多讯息给对方压力，也不会因讯息太少让其产生不信任感，这样有助于延长情感的寿命。牢记他人的姓名，使他人感受到你对他的重视，对他价值的认可。常带微笑，即使不言不语也能够释放你的善意，告诉他人“我乐意与你相处”。

让沟通变得更简单

沟通是一件让人喜忧参半的事情，高效沟通可以让我们在职场如鱼得水，与人相处变得融洽而愉悦，沟通不畅则会使我们的职场之路举步维艰，耗费大量的时间、精力于无休止的扯皮中。

当今社会，信息技术飞速发展，沟通的媒介不断增多，沟通似乎正在变得越来越便捷。但我们却依旧在为沟通而苦恼。职场之上，我们的声音似乎永远得不到领导、同事的关注，领导、同事的言论常常令人费解，甚至让人完全无法接受。在对工作的策划、执行进行讨论时，每个人都有自己的看法，充满了分歧和争论，似乎永远无法得到共识。沟通为什么如此复杂呢？

沟通的复杂性，根本上源于每个人都拥有自己独立自主的意识，希望别人倾听并接受自己的观点。强烈的自我表达欲望，会使一个人坚信自己的观点是正确的，并将对话的另一方置于自己的对立面，潜意识中认为对方的话是可有可无的，因而挡住了交流的大门。当然，个人表达能力的欠缺、经验知识的不足等，也会造成沟通的阻碍。这些不足会使你无法准确表达自己的观点，沟通自然也就无法进行下去。心理因素也可能导致沟通难以进行。畏惧、厌恶等心理会导致无法对信息进行理性的判断，使沟通陷入僵局。而不分场合、不合时宜的对话，也会使沟通陷入尴尬。

那么，如何让沟通变得更简单呢？

首先，要了解你的沟通对象，投其所好选择合适的对话方式。每个人的性格特征、价值观念、人生阅历、知识水平是不同的，思维方式与谈吐习惯也相应地有所差异。每个人都倾向于与自己谈吐习惯相近的人沟通，以使沟通更加顺畅，让彼此更能相互理解。因此，在不同的场合，面对不同的人，应当采取不同的对话方式。这既包括沟通方向的选择，更包括沟通言辞上的调整。简单来讲，就是明确“什么该说，该怎么说”。例如，在与领导沟通时，应特别注意简明扼要地表达自己的观点，并维护领导的权威。领导往往工作繁忙，更重视沟通的效率，希望在最短的时间内明白你要表达什么，而不是听到一些无谓的过程性描述。同时，领导往往十分重视沟通对象的态度，在与领导沟通时表现出愤怒、烦躁，甚至对立的情绪，显然是不明智的。

其次，要学会表述。许多职场人在向领导汇报工作时，内心有细致的构想，却无法将其准确地表达出来，使得领导无法理解其观点，甚至完全误解成另外一种意思，造成不必要的麻烦。厘清思路，准确表达是十分重要的。如此才不至于使言论偏离自己的初衷，或者将一个简单问题越讲越复杂。沟通之前，应当对自己对话的目的与核心观点进行明确，进而对对话逻辑进行梳理，使对方更容易听懂你所讲的话。同时，要让对话内容更容易引起对方的兴趣，使自己的观点更易于接受，更深入人心。日本经营战略咨询专家八幡纰芦史认为，沟通通常要经过情感、逻辑、利益三大步骤。情感上应保持中立，逻辑上要重点突出，利益上要让对方觉得你所讲的内容与其有直接的关联。当然措辞的情绪与分寸也是必不可少的，应时刻提醒自己避开对方的忌讳，不触及对方的底线。

此外，应懂得倾听。沟通不仅是讲话的艺术，更是倾听的学问。善于倾听者能够使对方放下戒备、吐露真心，更能精准把握对方的观点与诉求，掌握对话中的主动权。善于倾听者能够引导对方进行畅通的表达，捕捉沟通中的“未明说信息”，揣摩对方的真实态度，提升沟通效率。善于倾听者能够控制自己的表达欲，全面接收对方的观点，防止对话间滋生误解，更利于共识的达成。优秀的沟通者往往都是良好的倾听者，能够关注细节，集中注意力倾听、换位思考倾听、不加评判倾听。他们懂得，倾听有时比诉说更重要。

合作创造共赢

职场中，竞争随处可见，但合作更是必不可少的。合作可以提升对抗风险的能力，通过良好沟通、实现优势互补，以便更好地解决问题，实现目标。“独木难成林”，在组织架构日益复杂的当代职场，靠一个人单打独斗完成工作已变得越来越难以实现。几乎所有的企业、所有的岗位，都在强调“团队合作”。个人英雄主义的时代已经一去不复返，不懂得合作的人终将被淘汰出局。

合作，意味着每个人不再为个体利益工作，而是为了团队的利益而努力。每一个团队，都拥有自己的奋斗目标，这一目标往往可以拆解为若干个小的阶段性目标，且每个目标都拥有自己的截止时间，使整个团队可以向着目标不断前行。每一个职场人都是至少一个团队的成员，团队规模有大有小，公司、部门、工作小组，都可以看作团队的一种。合作的前提，在于对团队目标的了解与认可，进而使自己主动融入其中，为团队发展而奋斗。

在一个团队中，每一个成员都拥有自己独特的位置，发挥着自己不可替代的作用。一般地，一个团队分为参与者、协作者、沟通者、挑战者几种员工类型。参与者侧重于关注具体任务的执行，协作者关注整个团队项目进度的把握，沟通者擅长团队成员间的沟通与协调，挑战者善于攻克团队发展中存在的难题。每个成员的角色和职责各不相同，从事的工作与努力的方向也各不相同。因此，明确自己在团队中的位置，确立一个合适的目标定位便变得尤为重要。职场目标定位要真正做到“量身定做”，符合自己从事的领域、专业，与自己在团队中扮演的角色相契合，并考虑到自己的能力水平、进步空间和发展空间。

团队合作，特别强调成员间良好人际关系的建立。难以想象，一个成员间相互怀疑，甚至彼此嫌恶的团队，如何能够全力以赴共同奔向同一个目标。身处团队之中，应当学会控制自己的情感，避免不良情绪伤害团队的团结与合作。尊重每一个团队成员，相信每位成员在团队中都拥有自己扮演的角色以及发挥的作用，不要轻易将自己的价值与团队其他成员的价值进行比较，因为每个人都是重要的，只有彼此配合才能高效完成工作。

合作可以创造共赢，但合作并不容易。良好的合作可以提高效率，创造更多价值。但合作不畅却可能导致不同部门及人员之间相互推诿，甚至滋生更多嫌隙。例如，跨部门协作就比同部门合作更难以推进，因此更需要找到合适的相处之道。跨部门合作，更需要在工作开始前通过集体讨论的方式，对预期目标和成果达成共识，并通过任务列表分解及时间进度表的方式，明确具体到每个人的工作计划，使每一个人对自己“要做什么”“实现怎样的效果”有清晰的认识。在工作推进的过程中，定期召开工作会议，把握工作进度，并对出现的问题进行及时反馈。同时，注意通过激励致谢等方式，建立良好的情感链接，使整个团队更具活力、向心力。

合作中面临的又一大难题，在于很多时候并不能对自己的合作伙伴进行选择，而并非每一个人都是和蔼、随和、易于相处的。很多时候，我们会面对一些“难以合作”的合作伙伴，此时，更加凸显“相处是一种重要的能力”。面对“难以合作”的伙伴，应抛弃自己的刻板印象，耐心了解他究竟是一个怎样的人。很多时候，表面冷漠的人却内心柔软，不受欢迎的人也拥有自己难以替代的优势。同时，时刻谨记“以工作为本”，合作的目的是为了共同完成工作，不是为了改变对方难以被接受的行为方式。最重要的是始终保持良好的心态，以积极的态度与宽容的姿态面对“难以合作”的伙伴。不要让对方的高傲、冷漠、偏执左右自己的情绪，使自己也成为一个“难以合作”的人。

◇ 心态决定你的位置

面对同样的客观事物，不同的人会产生不同的判断，进而采取不同的行动，这是由不同的心态所决定的。相应地，不同心态的职场人对同一份工作会产生不同的理解与反应，进而造成截然不同的结果。可以说，你拥有什么样的心态，决定了你拥有什么样的状态，进而决定了你的职场位置。良好的职场心态，是职场生存发展不可缺少的技能。

专注当下，莫忧未来

当下，焦虑已经成为职场人的一种普遍心理现象。你每天兢兢业业、加班加点，但工作的成果却总是不尽如人意。那几个不如你勤奋的同事，却似乎处处比你出色。你已经尽力去尝试了，却总得不到领导的认可，甚至还被误解、被批评。此时，焦虑、急躁喷涌而出，甚至使你开始怀疑自己的能力与选择。“我这样做是正确的吗？”“这样下去是不是就没有前途了？”如此种种，皆是源于你缺乏一颗平常心。

美国心理学家曾对奖牌得主的幸福指数进行研究，结果发现，铜牌得主的幸福指数要明显高于银牌得主，这是源于银牌得主往往会因自己没拿到金牌而懊悔，而铜牌得主则因能登上领奖台而喜悦。职场中也是如此，大多数的职场焦虑源自对自己过高的期望。无论名、利、位，一旦达不到自己的预期，人难免就会陷入懊恼、沮丧、痛苦的情绪中。若从理性角度分析，不难发现，这些针对已发生事件的负面情绪是毫无意义的，更可能对一个人的身心健康产生有害影响，甚至会在思想上、行动上阻碍其接下来的工作。因此，与其对已经发生的事情懊悔不已，对未来即将发生的事情忧心忡忡，不如专注当下，使自己拥有一颗平常心。

拥有平常心，要对“成功职场人”形成正确的认知。“成功”的标准不是唯一的，做好一份工作、升职加薪、良好的同事关系、稳定的职场生活，都可以视为某种程度的成功。成功没有统一的定义，也没有固定的实现路径。勤奋与努力固然重要，合适的机遇也是必不可少的，职场拥有自己的规则。与其苛求在某一个时间点达到某一个特定的目标，不如保持良好的心态和豁达的胸襟，既不好高骛远、眼高手低，也不急功近利、唯利是图。坚信付出就有回报，努力做好工作中的每一件小事，成功就会与你不期而遇。

拥有平常心，要戒除攀比心理。每个人都有自己的生活，无论别人多么辉煌，与我们都没有任何关系。嫉妒和冲动会使人变得疯狂，无论是面对对方通过努力取得的成就，还是钻空子谋来的利益，我们都会心有郁结，愤愤不平。其实，他人的成功或失败都是属于他人的，与自己并无关系。大多时候，我们并不会因为他人的成功而失去什么，也不会因为他人的成功而得到什么。与其愤怒，不如放平心态，从他人的成功中总结经验，从他人的失败中吸取教训，使自己真正有所收获，而不是陷入无谓的比较中，伤害别人，更伤害自己。

拥有平常心，要学会控制情绪。诸事不顺、工作出错时，沮丧、焦虑是难以避免的，但不能放任这些情绪扩大化，影响日常的工作与生活。出问题并不可怕，可怕的是因此深陷其中，怨天尤人，消极不作为。不妨接受问题的存在，冷静下来，寻找补救的路径，让工作迅速回归正轨。

越压越强，越挫越勇

白宫知名商业顾问保罗·斯托兹首次提出“逆商”这个概念。所谓逆商，就是指人们面对逆境时的反应方式，即面对挫折、摆脱困境、超越困难的能力。职场之中，人们会难免遇到挫折，在挫折面前，逆商低的人会畏缩后退、丧失前进的勇气，逆商高的人则会将逆境作为成长的催化剂，越压越强，越挫越勇。逆商，已经成为当代职场必须具备的能力。

保罗·斯托兹认为，逆商包括控制感、起因和责任归属、影响范围、持续时间四大关键点。其中，控制感是指对周围环境的控制能力。面对职场中的逆境与挫折时，逆商高的人表现出更大的控制力和影响力，更善于找到走出困境的方法与途径。起因和责任归属是指对逆境产生原因的分析思考能力。一般地，陷入逆境可能源于自己的能力欠缺、疏忽大意等内因，也可能源于伙伴不配合等外因。高逆商者，往往能够对自己陷入逆境的原因拥有清醒的认知，并痛定思痛，主动寻求解决路径。影响范围是指将逆境的负面影响控制在最小范围的能力。在高逆商者面前，逆境不是灾难性的，他们可以控制逆境尽量少地对自己及周围人的工作与生活造成影响，将逆境的破坏力降至最低点。持续时间是指将逆境的负面影响控制在最短时间的能力。高逆商者能够在逆境面前保持乐观，相信逆境不会无休止地延续下去，光明就在眼前。

如今，越来越多的公司将“逆商”纳入员工考核体系当中，成为测评员工职场能力的重要指标之一。而逆商也并非是不可培养的，掌握适当的方法，每一个职场人都可以提升自己的逆商。

首先，要正确认识压力与逆境。逆境与顺境都是职场中的一种正常状态，无视逆境的存在，是一种自欺欺人的愚蠢表现。逆境是生活的一部分，每一个职场人无不是在逆境的磨炼中成长起来的。逆境并不可怕，反而是逃避逆境危害更大。直面逆境不过是承受一时的痛苦，在逆境中放弃希望则不仅不能够解决当前的问题，还可能导致更糟糕的状况。

同时，找到行之有效的解压方式。比如，学会感恩。逆境中并非全是不利因素，也有潜在的机遇，比如雪中送炭的贵人。生物学研究证明，感恩的善举能够刺激人脑释放多巴胺，有效化解各种压力和紧张情绪。再比如，寻找成就感。逆境之中，多思索自己的优势，可以帮助自己重拾自信，点燃走出逆境的热情。还比如，尝试倾诉。找到信任的家人、朋友、领导，诉说自己的苦恼与困境，不仅可以宣泄内心的负面情绪，还可能在他人的帮助下，找到走出逆境的路。当然，运动、音乐也是良好的解压方式。总之，职场之中不缺少逆境与挫折，我们找不到彻底告别逆境的方式，却可以化逆境为磨砺，化挫折为力量。

己所不欲，勿施于人

职场中，跨越各种界限的协同合作，使同理心成为一种必须掌握的职场技能。同理心，就是将自己放在对方的角度上，代入对方的角色去理解、思考问题，在理解的基础上建立交流链接，以更客观明确的方式实现充分沟通。简单来讲，就是“己所不欲，勿施于人”。

同理心一般包含认知同理心和情感同理心两大层面。所谓认知同理心，就是将自己想象成另一个人，从他的视角看世界，设身处地去考虑“如果我是他，我会怎么办？”“他在这种情况下，最紧迫的诉求是什么？”例如，当领导决策出现失误时，站在领导的角度设身处地去考虑，对于这次失误，领导也是不愿意发生的，更不希望有人当面说破。由此，便不会对领导的失误耿耿于怀，更不会因此当面与领导唱对台戏，而是会积极寻求可能的补救路径。而情感同理心，则是体会他人所处的情绪状态，为他人的情绪所感染。例如，在领导讲述组织发展愿景时，被领导的热情与斗志感染，自觉投入到组织发展的奋斗当中。

想要修炼同理心，应当学会倾听、观察与想象。透过言语和肢体行为，理解对方想要表达什么。在这一过程中，应当注意暂且搁置自己的情绪与判断，专注理解对方的“语言”。自身的情绪、动机，有时会导致我们丧失理性的判断，即使对方没有恶意，甚至可能同意你的某些观点，你也置若罔闻。站在对方的角度思考问题，并没有想象中的那么容易，尤其当对方观点与你针锋相对的时候。此时，采取第三人称的观点来看待问题，或许能够缓解这种直接的冲突感。在理解对方的“表面”语言的基础上，尝试体验对方的感受，挖掘对方隐含的情绪和动机，进而“想其所想，知其所需，挖掘共性”。

同理心是一种重要的职场技能，能够帮助你高效沟通、协调不同主体关系、预判利益相关方诉求、获得更大影响力。同理心重要但更要适度，一旦过了头，不仅会使你无缘上述种种益处，更可能对你的身心健康及组织的发展造成损害。一方面，同理心是一种高负荷认知活动，持续投入同理心，可能引发“同情疲劳”，产生焦虑、创伤心理，甚至演变成长期、慢性的职业倦怠。他人对同理心的要求是无休无止的，而我们理解他人的意愿和能付出的努力都是有限的。同理心过度不但会使自己身心俱疲，还无法满足对方的需求。另一方面，同理心过度还可能引发部分道德问题。同理心可能导致部分袒护行为，滋生沟通对象以外其他主体的不满情绪。还可能导致道德判断失当，默认甚至帮助对方犯错。

因此，在拥有同理心的同时，更要学会控制同理心，防止同理心泛滥。每个人的同理心都是有限的，但也是可以高效利用的。同理心的作用，应该更多地体现在减少成见，发现问题，找到共赢解决方案上面。

空杯心态，从“零”开始

“职场小白”笨拙、焦虑、缺乏经验，却并非毫无优势。著名管理学家、甲骨文集团总裁莉兹·怀斯曼认为，正是“小白”的“菜鸟优势”成就了她自己的事业。职场小白会以开放心态请教他人，且做事情不会瞻前顾后，能够专注于最基础的东西，让自己充分利用周边的一切资源。而随着职场经验逐渐丰富，知识、智慧和其他力量使大多数职场人失去“菜鸟优势”，思维形成定势，创新能力逐步消退，对自己盲目自信，甚至骄傲自满，不思进取。这便要求职场人拥有空杯心态，为“小白状态”保鲜。

所谓“空杯心态”，就是像一个杯子一样，定期将自己过去的成就、观念清空，使自己“归零”。空杯心态就是不断清洗自己的心灵与大脑，抛弃过去的知识、固有的观念，不断学习，与时俱进。很多职场人认为自己在一个行业摸爬滚打多年，没有什么不了解的知识，是真正的“内行人”。事实上，知识经济时代，知识迭代加速，即使一个人的专业知识扎实，领域经验丰富，但不虚心学习新的知识与方法，便无法把握时代发展的脉搏，终会被时代大潮淘汰出局。空杯心态是对自我的不断扬弃，忘却过去的鲜花和掌声，看到自己存在的不足及有待提升的空间，如此，才不会沉湎于过去的成就之中。不断挑战自我，完善自我，才能使自己的潜能得到最充分的发挥。

莉兹·怀斯曼通过长期观察发现，没有经验的人在处理工作时的表现，往往比那些有经验的人出色。这一发现似乎有些颠覆传统认知，经验并非总是会带来好处。经验是自信、知识、智慧，但若是一味遵循过去的经验，不会随机应变、因地制宜，则可能使自己被过往经验束缚。经验造就思维定式，会对工作做出固定的反应，往往发现不了新问题。比如，即使句子中存在错字，我们也可以理解句子的意思，这是基于经验的反应，根据前后文内容，大脑会自觉修正错误部分，让人意识不到错误存在。而那些缺乏经验的人，反而会用新鲜的眼光、创新的思维去推动工作，更不容易受到局限。

当然，没有人能够永远当一个“职场小白”，但我们可以用“空杯心态”，使自己保持“小白状态”。正如莉兹·怀斯曼所发现的那样，成功的专家、领袖、企业家，往往能够像“第一次”一样思考和完成工作。如此，他们能够始终保持谦卑，不断学习新的知识与方法；始终保持热情，在工作中发现乐趣；始终保持灵敏，对潜在风险建立精准的判断；始终充满好奇，不断探索新的可能。

5 chapter

另辟蹊径

将困境
变成机遇

职场困境，是每个职场人都会面临的问题。再成功的人，职场之路也不会是一帆风顺的。但有些人在困境中迷茫、愤怒、抱怨、逃避，有些人则在困境中发现机遇，收获成长。正如巴尔扎克所说的那样，“困境，是天才的晋身之阶，信徒的洗礼之水，能人的无价之宝，弱者的无底之渊”。

职场之中，身陷困境可能源于无法找到问题的解决方案。例如，领导突然派发了十分棘手的工作，你不会做，甚至完全不喜欢做，不知道应当如何应对。例如，自己的工作搞砸了，想想领导的怒火，想想造成的损失，以及自己可能付出的代价，一时无所适从。再例如，与领导意见不合时，听领导的还是听自己的，领导的观点应当如何贯彻，自己的意见应当如何表达，这些都是难解的问题。当这些问题发生时，大多数职场人，特别是职场小白，会因此感到震惊，进而迷茫、困惑、无所适从。

职场之中，身陷困境还可能源于无法找到问题的最优解。例如，当被领导误解时，解释似乎是在掩饰自己的不足，更可能伤害领导的面子；不解释又会让自己内心委屈，更不利于反映真实的情况。再例如，当直接领导与间接领导之间产生矛盾，当本部门领导与外部门领导产生矛盾时，矛盾双方都是领导，都应当服从，但听从任何一个领导的指示，都势必会得罪另一个领导。对于这些问题，往往可以想到一些可行的解决方案，但这些方案似乎都互有利弊，不禁使人陷入“不知如何抉择”的两难境地。

职场处处是困境，有思路就有出路。无论面对何种困境，抱怨都是毫无意义的，不仅不会使问题得到解决，更可能为自己营造一个负面、消极的形象。积极乐观的心态，加上合适的方法，勇敢探索困境的突破路径，不仅是高效、敬业、忠诚的职业精神要求，更能使挫折成为难得的锻炼机会，将困境变成机遇。至于“如何将困境变成机遇”，每个职场人都拥有自己的答案。职场困境的种类千差万别，难以穷举，同样，困境的突破方式也各不相同。每个职场人都会根据自己的能力水平、经验积累、性格特点、生活背景，创造出自己独特的“破题之道”。本章针对几个职场中常见的困境进行讨论，梳理常见的破题思路，探索将困境转化为机遇的可能途径。抛砖引玉，以供参考。

◇ 如何应对棘手的工作?

棘手的工作，就是指情况复杂、阻力较大、困难较多的工作。这类工作通常具有复杂性，本身一团乱麻，难以梳理出清晰的思绪。同时具有重要性，必须有人处理，且万一处理不好会产生严重的后果。每一个职场人都曾面临过棘手的工作，这些工作常常将人压得喘不过气来，不想接受，又不好拒绝。当领导向你交办一些棘手的工作时，你该怎么办?

关上抱怨的门

棘手的工作，往往会使你压力倍增，一面是自己的责任感，一面是领导的强压，一面是同事的监督。压力面前，很多人的第一反应是抗拒逃避这一“烫手山芋”，甚至认为领导是在有意为难自己。这一系列的负面情绪，往往会使抱怨之声脱口而出，不仅自己深陷消极情绪当中，更向身边的人释放消极的信号，给别人留下不够职业的印象，影响自己的职业发展。

面对棘手的工作，一般存在僵固式思维与成长式思维两种思维模式。

僵固式思维模式的人，相信一个人的智力、能力是天生的。对于棘手的问题，通常采取被动防御的态度，产生“我不行，我不会”“为什么是我”的内心想法。自己的能力难以应对棘手的问题，偏偏这一问题又很重要，为了不犯错，便倾向于选择“知难而退”，能不面对就不面对。

成长式思维模式的人则与之相反，他们相信一个人的智力、能力可以依靠后天努力而提升。对于棘手的问题，通常采取积极探索的态度，内心会产生“我可以试一试”“这是一个好机会”的想法。他们看重自己在处理棘手问题过程中的努力，以及自身能力的提升，对于结果的成败并不十分在意，因而更倾向于选择“迎难而上”，接受棘手问题的挑战。

相比于僵固式思维的人，拥有成长式思维的职场人，显然更善于抓住潜在的机会，提升自身能力，收获领导重视。你能做到的，往往远比你以为的要多。职场人攻克棘手问题的过程，正是获得成长的过程。棘手的工作难度越大，越能够磨炼意志、提升能力。一个人的成就大小，往往取决于所遇工作的难度，跨栏越高，跳得越高，所谓“跨栏定律”就是这样一个道理。你攻克的棘手问题越多，处理问题的经验就会越丰富，对问题的承受能力也会变得越来越强。此时，你就可以在他人认为十分棘手的问题面前，轻松自如，游刃有余，而这也必将成为你在职场竞争中的一大优势。

因此，下次领导将棘手的问题交由你去处理时，不要忙着委屈、抗拒。棘手的问题正是锻炼自己的机会，不妨关上抱怨的门，理性客观地对问题进行分析，冷静思考可能的解决方案。如果自己能够承担，不妨大胆“试一试”，不惧挑战，迎难而上，一定会因此大有收获。

理性判断，做出取舍

勇气和信心可以帮助你接受棘手问题的挑战，但不能帮助你完成挑战。能否完成挑战，关键在于你的精力与能力。关上抱怨的门，勇于尝试，不代表对于棘手的问题“来者不拒”。一旦接受棘手问题的挑战，解决这一问题便成为你的责任与义务，如果处理不当，不仅会暴露自己能力的短板，更可能错失解决问题的最佳时机，损害整个组织的利益。因此，面对棘手的问题，在树立“试一试”的信念、不盲目拒绝的同时，也不要草率接受，而应在进行理性判断之后，再做出取舍选择。

理性判断的第一步，在于对自我进行客观判断。应对自己的能力进行判断，包括处理工作的能力、对抗压力的能力等，以明确自己对棘手工作的承受力。对自己的工作目标、职责、范围进行判断，明确棘手的工作属于自己职权、责任范围内，还是一项额外的工作。同时，对自己的优势与不足进行分析。“完美的自己”是不可能存在的，明确优势与不足，有利于扬长避短，判断棘手的工作是否是自己适合的、擅长的、喜欢的。

理性判断的第二步，在于对棘手工作进行客观判断。对棘手工作的判断既包括对工作难度的判断，也包括对工作重要性、紧迫性的判断。在接受棘手工作之前，不妨对工作进行整体把握，对可能遇到的问题及可能的结果进行预判，及早做好心理准备。

理性判断的第三步，在于将工作与个人进行匹配，做出取舍选择。将工作与个人进行匹配，一般会产生以下几种结果。一是工作棘手但也十分重要，属于自己责任范围内，且自己可以解决好。对于这类棘手工作，应毫不犹豫地接受，并努力将其优秀完成。二是工作棘手但没有那么重要，不过自己也可以解决好。对于这类棘手工作，在时间精力允许的条件下，不妨接受。三是重要的棘手工作，但自己一个人无法完成，需要通过寻求帮助等途径动用身边的资源。对于这类棘手工作，建议予以接受，同时向领导寻求权力、资源等方面的帮助，创造充分的优势条件，配合工作的完成。四是棘手、不重要，且无法独立完成的工作，建议予以拒绝。这类工作耗费大量的时间精力，且收效甚微。五是完全没有能力完成，或者与自己完全没有关联的工作。对于这类工作，应当学会拒绝，不让自己费力不讨好。

在做出取舍的决定之后，无论选择“拒绝”还是“接受”，都应注意表达的技巧。接受工作，不要把话说“满”，应正视棘手工作的困难性，以及自身能力的有限性，表达“虽然有难度，但会尽力而为”的决心。拒绝工作时，不要把话讲“过”，应坦白自己存在的不足，强调“工作重要，恐难当此任”。在拒绝的同时，应当给予领导备选方案以供参考。例如，建议将工作要求、难度调低，由自己承担；向领导推荐可以承担工作的人选，同时表示自己可以配合、协助工作的推进；表达自己可以承担其中部分任务，其他部分建议另交他人，合作完成。总之，切忌一口回绝“我不行”“我不会”“我不做”。

掌握能力圈法则

应当以怎样的态度对待棘手的工作，一般存在两种观点。一种观点认为，停留在能力圈内，只关注自己熟悉的领域，完成自己能完全胜任的工作，便永远不能达到新的目标。因此，应当突破能力圈，只有走出去，才能有所进步。另一种观点认为，能力圈外的工作意味着是自己无法驾驭或者难以良好驾驭的，贸然走出能力圈，就像在没有具备游泳能力时贸然进入深水区一样，是十分愚蠢而危险的。因此，应当专注于自己能力圈范围内的工作，不要认为自己是可以无所不能的。

两种观点看似是彼此矛盾的，其实不然。走出能力圈，侧重从自我提升的角度对待棘手工作，从这一角度看，错误不仅不会减少存量知识，还可能使自己收获经验教训。因此，走出能力圈的结局无论是成功还是失败，我们都是有所收获的。而专注能力圈范围内的工作，侧重的是从安全边界角度对待棘手工作，从这一角度看，再小的错误都可能造成损失，小到遭受领导的批评，大到影响整个组织目标的实现。因此，留在能力圈内，纵使没有额外收获，至少可以避免错误的发生。

其实，“能力圈”的概念，最早来源于“股神”沃伦·巴菲特的黄金搭档查理·芒格的投资理论。查理·芒格认为，与其追逐小概率的大成功，不如追求大概率的小成功，积少成多，加上复利的魔力，假以时日就能大获成功。“我们长期努力保持不做傻事，所以我们的收获比那些努力做聪明事的人要多得多。”能力圈理论是包括巴菲特在内的价值投资者所坚守的最重要原则之一，并逐渐延伸到人们日常生活的方方面面。

查理·芒格的能力圈法则，强调对能力边界的认知。每个人的能力有大小，但都是有边界的，有自己能胜任的与不能胜任的工作，有自己擅长的与不擅长的工作。精确认知能力圈，便是对自我进行客观判断，防止自己陷入对棘手工作“有求必应”的极端境地。但同时，查理·芒格并不否认能力圈是可以突破的，只是这一过程只能是“缓慢的，随着时间推移的。一旦偏离了这个纪律，就经常会犯错误”。

走出能力圈，侧重能力的形成，边界不重要，大小才是关键，要不停地把能力圈外的区域划入区内。专注能力圈范围内的工作，侧重能力的应用，大小不重要，边界才是关键，要使自己能有所用，才尽其用。因此，掌握能力圈法则，面对棘手工作时，不妨分析工作在自己能力圈中的位置。

对于圈内工作，应当积极接受，尽全力完成。略超出自己能力圈，应根据自身具体情况与工作的重要性，谨慎选择接受或者拒绝。对于远远超出自己能力圈的工作，果断拒绝，不要强求。同时，通过理论知识学习与实践经验教训总结，不断拓展自己的能力圈。尤其当领导给予你的工作远超你的能力圈时，应当予以自警，这说明你的能力与岗位需求相差甚远，要么抓紧时间提升自己，要么及时转舵选择自己擅长的岗位。

方法总比困难多

面对一项棘手的工作，特别是判断出自己的能力不足以独立承担时，先不要忙着在心里郁闷，在承认自己存在不足的同时，不妨多换几个角度思考可能的解决途径。如此一来，看似棘手的问题很快就会迎刃而解。

棘手的工作看似毫无头绪，但如果能够抓住根本，其实可以化繁为简，依据单纯的原理法则迅速做出决断。有些工作之所以棘手，是因为没有抓住重点，不能清晰把握其逻辑，并进行任务分解。能够抓住逻辑与重点，把问题分析透彻，棘手的问题就解决了一半，接下来的工作也会相应变得简单。例如，领导希望你能够调解同事 A 与 B 之间的矛盾，两人可能找出性格差、工作不努力、贡献率低等若干原因，批评对方的不是之处，你抽丝剥茧却可能发现，分歧的根源来自某个项目中的利益分配不公。再例如，领导对产品需实现的目标提出若干要求，但一个多小时的讲话，总结起来可能就是为了表达“用户友好”四个字而已。“看似复杂的现象，其实不过是简单道理的投影。改变视点，或者把视点提高一个角度来重新观察看待问题，答案立刻就简单明快地水落石出了。例如十字路口交通堵塞问题，从三维的观点出发，用立交桥就可以解决。”

有些工作对于你来说是棘手的，对于他人来说却是一件举手之劳的小事。每个人能力有大小，应当坦然承认自己能力存在的局限性，并尝试寻求周围人的帮助。不要盲目地认为周围人的能力都弱于你，就对你毫无帮助。人的能力是多方面的，与资历、工作成绩并不完全成正比，有可能你的同事在某一方面极具实力，只是你没有发现。同时，当你深陷棘手问题的泥潭之中时，别人不经意间的一句话，就可能为你打开一个思路。所谓“当局者迷，旁观者清”，多征求旁观者的建议，综合他人观点独立做出决策，对棘手问题的解决并无坏处。

问题是人创造的，也是要由人来解决的。面对棘手的工作，不妨以积极的心态尝试寻求问题的解决途径。毕竟，方法总比困难多。

◇ 工作搞砸了怎么办?

职场之中，无论多么认真，多么努力，也难免会犯错误。再严密的计划，也可能存在疏漏之处。甚至即将完成，或已经完成的工作，也可能会因为突发事件，使之前的努力付诸东流。而当工作搞砸了之后，无论是有意还是无意，都可能给自己及他人造成困扰。任何人都不能保证自己的工作永远顺利、完美地完成，那么一旦工作搞砸了，应该怎么办?

深呼吸，看看你搞砸了什么

当发现工作被自己搞砸了之后，你的第一反应是什么?尴尬，懊悔，还是慌张?这些都是正常的情绪反应。尽管你不是有意搞砸的，但做错事总会造成一些不好的影响，让你无地自容。但是，无论多么懊悔，时间也不会倒流，让你重新来过。无论怎样逃避，错误造成的负面影响也已是既成事实，无法更改。因此，当你发现工作被自己搞砸了之后，第一步莫过于深呼吸，迅速冷静下来，看看自己究竟搞砸了什么。

有些工作，虽然搞砸了，但因为可以及时弥补，便变得没有那么糟糕。例如，文件发错了人，甚至文件中可能涉及机密内容，是不便于传阅的。好在无论邮件或者微信，都拥有“撤回”功能，这使得这一错误没有严重到无法弥补。此时仅需注意一点，就是“快”。“撤回”功能通常是有时间限制的，撤回得越晚越有可能被对方看到，造成的损失也就越大。一旦发现发错了人，不要将时间花在后悔与感慨上，快速撤回，降低损失。再比如，突发事件影响工作推进，可能会使之前的努力付诸东流。此时，若是没有到工作结束的节点，就意味着还有补救的空间。与其坐在那里怨天尤人、思考人生，不如抓紧最后的时间，努力在截止日期前将工作完成。

有些工作，虽然搞砸了，但因为重要性不高，便变得没有那么糟糕。例如，整理办公桌时不小心打破了一个花瓶，会议通知漏发了某个同事等。这类错误不良影响较小，较容易补救。不妨花几秒钟使自己冷静下来，仔细思考这一错误会对哪些人构成影响，及时承认错误，并积极予以补救。

因此，当工作搞砸了之后，要进行的第一步应当是深呼吸，将自己从焦虑、愧疚、慌张的情绪中脱离出来，对出现的问题本身进行理性判断。这个问题可以及时弥补吗？可以在我可控制的范围内得到解决吗？问题的严重程度如何？会对哪些人构成不良影响？进而根据对问题的判断，进行及时反应，将问题的不良影响降至最低。

勇于承担，主动承认错误

工作搞砸了，找个理由进行自我安慰，是无可厚非的。但这种理由在他人耳中，会成为拼命为自己的错误找借口的表现。职场小白往往害怕和领导谈论搞砸的工作，认为只要自己拼命掩盖工作中出现的问题，领导就不会知道，便会为领导留下一个良好的印象。其实不然，在领导心中，比犯错更可怕的是你没有意识到错在自己，掩盖错误的做法会使领导认为你犯错而不自知，甚至认为你是在恶意推卸责任，进而对你的诚信度产生怀疑。因此，当认识到自己的工作搞砸了之后，不要假装事情没有发生，或是推脱掩盖，而是要迅速告知领导实情，这才是挽回形象最明智的做法。

当你通过理性思考发现，错误会对组织的计划实施构成影响时，则无论影响大小，都必须以积极的心态与领导进行沟通。放低姿态，抢先承认错误，虚心接受领导的批评。当你及时承认错误，承担责任时，领导的批评只是针对搞砸工作这件事本身。若不及时承认错误，等到领导发现你将工作搞砸之后，他会更多地纠结于你瞒报、虚报工作的动机，进而对你的人品产生怀疑。做错事情是容易弥补的，而领导对你的品质产生的怀疑，则是不容易扭转的。

有时，错误虽然对组织的计划实施构成影响，但总体还能处于可控范围内。因为你可以明确问题的所在并采取积极的措施进行找补，将事情向好的方向引导。此时，在承认错误本身的同时，不妨通报自己已采取的补救措施，对补救的可能结果进行预估，并询问领导的意见。如果领导认可你的补救措施，便继续补救行动。如果领导对你的补救措施提出异议，那么就要虚心听取领导的意见，并主动承担补救的工作。做到主动道歉，积极找补。

如果错误对组织计划的影响十分巨大，已经超出了你的可控范围，更要主动承认自己的错误与不足。客观通报工作最新状况，诚挚道歉，并向领导咨询可能的解决方案。越是大的错误，越需要及时与领导沟通，讨论如何尽快阻止错误蔓延。此时，错误本身已经不再重要，如何补救才更重要。

主动承认错误的一个关键点，在于不要一直道歉。一个中肯的道歉便足够了，道歉的目的是表达自己的态度，以及主动承担的决心。问题发生之后，重复道歉毫无意义，积极找补才是重点。

积极找补，重塑信任

搞砸工作之后，承认错误很重要，但找到切实可行的解决方案更重要。错误已然发生，当务之急就是竭尽所能进行补救，对原来的方案进行修改，或找出新的替代方案。由于错误在你，你便更有责任多投入一些时间与精力，率先着手准备，提出相对完善的解决方案。

在提出解决方案的时候，应当注意尽量给出多种备选，给予领导选择的空间，而不是给予领导一个“我已经这样进行补救了”的答案。多提供几种解决方案，不仅表达了你已深入分析了错误的态度，更将问题解决的决定权交由领导，维护领导权威，平复领导情绪。同时，在提出解决方案时，无论哪种方案都需要对它们的优劣点进行客观的表述，以让领导对你提出的解决方案拥有充分的认知。可以表达出自己对于某一方案的倾向性，但绝不能选择性地表述所收集的信息与数据，弱化自己的错误，或者引导领导选择你倾向的方案。应当明确，提供解决方案的主要目的是弥补过失，而不是表现你可以漂亮地解决问题。全身心投入问题的解决中，反而更能使领导看到你的真诚，实现信任重塑。

一般组织都会允许成员犯错，因为这是难以避免的。因此，没必要因为一次错误而惴惴不安，甚至质疑自己的能力。工作搞砸之后，应当迅速摆脱心理压力，问问自己为什么会犯这样的错误，吸取教训，避免重蹈覆辙。职场犯错不可怕，但切忌犯同样的错误，特别是不要在同一家公司、同一个领导下犯同样的错误，否则一旦被打上“屡教不改”的标签，便很难在职场立足了。从搞砸的工作中发现自己的不足，吸取经验教训，吃一堑、长一智，才能用失败给成功交学费，帮助自己在职场中成长。

准备预案，防患于未然

没有人愿意犯错，但错误确实是难以避免的。纵使你谨慎谨慎再谨慎，一些突然出现的客观因素，也可能打乱你的计划，将工作引入歧途。而错误一旦发生，就会造成损失，等待补救措施生效的时间越长，造成的损失就越大。所谓“人慌无智”，错误发生时的紧张、焦虑，常常会阻碍良好补救方案的生成。虽然“亡羊补牢，为时不晚”，但如果能够在错误发生之前做好预案，防患于未然，则是更加经济的做法。

做好预案，就是在工作之初，预先思考可能存在的风险，并制订相应的应急方案。如此，当潜在的危机爆发时，你就不会陷入手足无措的境地，而是可以从容地根据预案，将工作引导回正确的轨道。预案的存在，大大缩减了问题发生后，平复焦虑、懊悔、慌张情绪的时间，进而缩短等待补救措施生效的时间。同时，预案制订的过程相对延长，就可以经过充分的讨论与思考，相较于问题发生后紧急磋商得出的补救方案，在周密性与有效性上都独具优势。如此，做好预案在弥补错误、减少损失方面的优势，便是显而易见的了。

预案的制订，还可以看作一种对领导的心理建设。一方面，做好预案可以表现你对工作认真负责的态度，以及严谨周密的思维能力。如此，即使工作搞砸了，领导也不会将责任完全归咎于你。另一方面，做好预案有利于领导更客观地认知你所从事工作的重要性与潜在风险，对可能发生的问题做好心理准备。如此，万一工作搞砸了，领导也不会特别愤怒或者震惊。再一方面，预案的制订过程，往往有领导的参与，领导在权威得到满足的同时，更能对你工作中的困难感同身受，提供有效的建议或帮助。如此，做好预案不仅可以帮助你在领导面前树立良好形象，更有利于工作的顺利开展。

当然，预案的制订也不是万无一失的，总有一些意料之外的因素出现，阻碍工作的进程，甚至导致工作失败。在做好预案的同时，内心依旧要保持警惕。一旦预案之外的不利情况发生，你要迅速调整状态，承认错误，思考补救措施。当你顺利补救好这次搞砸的工作时，便又在错误中收获了一份教训，也为下次同样错误的发生，提供了处理经验。如此看来，对这一次工作的补救措施，又何尝不是下一次工作的预案呢？

◇ 如何处理意见不合？

每一个职场人都希望与领导建立良好的关系，在工作步调上保持一致。但职场现实中，总会遇到与领导意见相左的时候。每一个职场人都希望建立良好的人际关系，减少与同事间的矛盾与冲突。但总会遇到看不惯的做法、无法理解的决策。当意见不合发生时，应当如何处理才既能表达自身诉求、维护自身利益，又不会得罪领导同事、损害一段关系呢？

避免错误共识效应

为什么会存在意见不合现象？那是由于每个人都在性格特征、学识经历、视野范围、职权责任等方面存在差异，因而会产生不同的看问题视角，进而会对同一个问题产生不同的观点。举一个简单的例子，每个员工都认为自己应当升职加薪，但领导站在组织发展的角度，会更多地从投入产出比方面进行思考，权衡升职加薪能否为组织带来更大的收益。于是，当你的加薪请求被驳回时，你会为自己努力工作却没有获得更多收获而愤愤不平，你的领导却在思考你的贡献及潜能不能配上更高的薪资。

“横看成岭侧成峰，远近高低各不同”，没有人会拥有360度的广角视角，而不同的视角会造就不同的观点，分歧产生在所难免。由此看来，意见不合是一种十分普通而广泛的现象。但这种普遍现象，却往往成为困扰职场人的一大难题，这是由于错误共识效应在起作用。所谓错误共识效应，就是指人们通常倾向于将自己的观点投射给他人，认为所有人都应当和自己以同一方式思考，得出同样的结论。错误共识效应使人们陷入过度的自我保护与精神亢奋之中，当别人提出不同观点时，不会进行客观的思考与判断，而是用神态、语言、动作等各种表现证明对方是错的。

错误共识效应使大多数人不愿意承认自己可能会犯错。当有人提出不一样的观点，或者仅对我们的观点提出一丁点儿异议时，便足以激发我们强烈的反感，让我们用尽一切方法为自己辩护。或是通过语言、行为威慑，或是反复论证自己的观点，或是指责、批判对方提出的观点。总之，就是通过当面驳斥的方式，对对方造成压力，迫使对方放弃原有的观点。

然而，这一方式其实并不可取。一方面，当你将对方驳斥得体无完肤时，对他的自尊、自信、判断都给予了直接打击，会引发对方的反感。特别当对方是领导等职位高于你的人时，你可能会因为对一件“小事”的据理力争，得罪一位“大人”，付出惨痛的代价。另一方面，当面驳斥的做法，大多时候不仅不会改变对方真正的观点，反而会激发对方的反击意志，让彼此陷入争吵不休等失控局面，使“小事”变成“大事”。再一方面，当面驳斥往往无法带来真正的共识，即使对方迫于压力放弃原有的观点，也往往是“口服心不服”。甚至最终实践可能会证明，你的观点是错误的，对方的观点是正确的，而盲目排斥对方的观点，使你丧失了一次发现错误、规避风险的机会。

因此，当意见不合现象发生时，应避免陷入错误共识效应的旋涡，轻率判断自己的观点是正确的，对方的观点是错误的。不妨变换角度，问问自己“如果我是他，会怎么想怎么做呢？”变换角度，可以深入思考不同观点，并对存在的分歧形成全新的认识。此时，你或许会发现自己的观点是错误的，勇敢承认错误比在实践中证明错误更经济。你也许会发现自己的观点是不完善的，对对方观点的理性认知，有利于方案的完善，进而更好地完成工作。但你也可能发现对方的观点是错误的，如此，在增强对自身观点信心的同时，还能认识到对方错误存在的原因。理解能够帮助你保持平静的心态，推心置腹地与对方进行沟通，更容易促进共识的达成。

巧妙表达自身观点

当发现对方的意见和自己不一致的时候，将分歧沉入心底，只会引发日后更大的矛盾。表达是处理意见不合最常用的方式，但表达是一门学问，不同的表达方式，会产生截然不同的结局。拙劣的表达可能激化矛盾，将意见不合带来的冲突升级。而对自身观点的巧妙表达，则不仅有益于共识的达成，更能收获他人的理解，甚至是信服。

如果你想要说服他人，应当先从真诚与赞赏开始，而不是从批评与指责开始。或许有些人认为，开门见山地提出反对的观点，会使自己的表述更简洁且更具说服力，但事实往往并非如此。批评与指责会迫使对方在自尊的本能下，坚决维护自己的观点，并难以脱离这种对抗的状态。懂得表达技巧的人，通常会选择先强调双方已有的共识，使对方放下戒备，引导对方进入肯定自己的方向。例如，大多数时候，职场中存在的意见不合，不在于对最终目的的分歧，而是在于对实现路径的看法不同。懂得表达技巧的职场人，会先明确“将工作做好”的共同目的，甚至称赞对方提出的方案是行之有效的，但自己对这一问题也存在一种解决方案，希望讲出来供大家讨论、参考。从真诚与赞赏开始，可以营造良好的讨论氛围，使不同意见变得不再那么刺耳，更容易被接受。

真诚与赞赏可以有效缓和意见不合造成的紧张气氛，但无法完全消解对方内心的警惕、专注。当你用一段冗长的对白，含糊其词地陈述自己的观点时，对方会轻易丧失耐心。对方轻则认为你能力有限，观点缺乏说服力，不予接受；重则可能会被激怒，认为你在恶意挑起事端。特别是当你与领导存在意见不合时，如果你鼓足勇气表达自己的观点，却不能对观点进行简明、清晰的表述，则极有可能导致领导断然否定你的观点，你甚至会陷入“说得越多，错得越多”的尴尬境地，给领导留下负面印象。

因此，观点的表达应当注意简单明确、重点突出。共识搭建、问题呈现、措施概述、比较优势，是针对意见不合情况下的观点表述四要素。先明确与对方存在的共识之处，使对方放下芥蒂；再指出对方观点存在的不足之处，引发思考；后用简明的陈述，表达自身观点；最终点明自己的意见与对方相比存在的优势，实现令对方心服口服的目的。在整个表述的过程当中，过分强势的咄咄逼人，或者固执武断的自说自话，都不是很好的选择。让对方接受不同观点的最好方式，是将你的意见移植到对方心中，使他感觉意见的诞生不是你灌输的结果，而是他自主思考判断的结论。

处理意见不合的另一大要点，在于始终不要忘记，最终的目标是达成共识、解决问题。自始至终，这是一个就事论事的过程，切忌对问题进行发散与引申，将一个问题存在的分歧，上升为个人的矛盾，甚至立场的冲突。如此，将小问题升级为大问题，意见不合将永远无法解决。

尊重共识，言出必行

处理意见不合的目的，在于达成共识。更加具体地，共识的达成分为以下三种情况：一是对方完全被说服，全盘接受你的观点；二是双方各退一步，达成第三种观点；三是你自己单方面妥协，全盘接受对方的观点。可以看出，共识的达成是伴随着至少一方的妥协的。其中，较大概率是需要你在原有观点的基础上，做出必要的妥协。

戴尔·卡耐基曾说道："用争夺的方法，永远得不到满足，而让步会使你得到更多。"但大多时候，我们并不愿意做出让步。即使通过沟通达成共识，也可能产生反悔心理，认为自己在沟通的过程中被对方的言语迷惑，或者被对方的威慑干扰，没有做出理性的判断，维护自己的利益。应当明确，反悔心理不会维护你的利益，反而可能使你失去信任。

尊重共识，言出必行，是处理意见不合的最后一步，也是十分重要的一步。再好的共识只要没有落地，就足以使之前的努力全部归零。共识的达成，是意见不合双方博弈的结果。你要相信，自我维护的本能会使这个结果不至于完全偏向于对方，即使最终的结果是你全盘接受对方的观点，也往往意味着你的观点是错误的，或者对方的实力、地位明显强于你。即使再进行一轮博弈，结果也不会有太大改变。举一个简单的例子，你对领导的决策提出反对意见，领导不予采信，最终实践证明你是对的。此时，你也许会说“早知道的话，听我的意见多好”。但事实是，你没有决策的最终决定权，无论这场博弈进行多少次，领导不采信你的观点，你也毫无办法。

当共识达成时，你只需按照商议的方案积极推进。如果实践证明你原有的观点是正确的，这会成为你下次博弈的重要资本。但如果你破坏共识，言出不行，作为失信方，即使实践证明你原有的观点是正确的，你也会为失败的结局买单。例如，你慑于领导的权威，同意了一个你原本反对的决策。如果你积极服从领导指示，认真负责完成工作，实践证明你原本的决策是正确的，领导会对你刮目相看。你甚至可以基于对领导错误决策的准确预估，及时对错误进行找补，防止组织遭受更严重的损失。但如果你拒绝服从领导的指示，或是选择消极怠工的形式表达自己的不满，可能根本等不到实践证明你的决策是正确的那一天，便被组织排除在外，最终还可能因消极的态度，为领导的错误买单。

◇ 被误解要不要解释?

误解，往往会在出其不意间出现。一句话，一个眼神，一点行为，都可能在不自知的情况下，为我们带来误解。面对误解，解释似乎是一种“此地无银三百两”的掩饰，不解释又会使内心委屈、不甘。那么，当在职场上被人误解时，究竟要不要做出解释呢?

误解，这样发生

误解，简单来说就是错误的理解，常常指代认知与对象存在偏差。“被误解，是表达者的宿命。”自身言行的不谨慎、表达技能的欠缺，可能导致他人不能准确理解你的意图。不同的性格特征、知识水平、价值观念，又会造成不同的人对相同的事物产生不同的判断，增大误解的可能性。更不要说有人可能会对你的行为进行加工，对你的言论进行曲解，恶意制造误解。由此可见，误解的发生并非巧合。特别在职场的竞争环境下，误解的出现并不稀奇。

误解的发生，可能源于认知偏差。认知心理学家经过多年的研究和论证，证实人们的主观感受与客观实际之间，通常存在偏差。你认为自己在真诚、直接地表达自己的所思所想，别人就一定可以一目了然地读懂你的想法、感觉和目标了，但“透明视觉”的存在，往往使对方认为你“假得可以”。你认为自己努力工作、踏实办事，甚至在某些方面小有成绩，却总不能令领导满意。这可能源于你某次不经意间的举动，给领导留下了不好的印象，“晕轮效应”为你在领导心中打下了一个较低的分数，无论你后期做多少努力也难以转变领导先入为主的判断。

误解的产生，可能源于归因错误。研究表明，大多数时候人们会倾向于根据眼前的言行进行内在归因，而忽略了同样重要的外在归因。举一个简单的例子，当你看到你的领导异常愤怒地训斥下属时，可能马上在心里嘀咕“这个领导脾气真差”“这个领导太凶了，在他身边一定要小心谨慎”。你忽略了领导可能平日很温和，只是这次被训斥的那个下属犯下了严重的错误；或者这是一个十分难缠的下属，顶撞领导在前，触及了领导的底线。归因错误的杀伤力十分巨大，会使我们对人和事产生主观臆断而不自知。

更为可怕的是，这种判断一旦形成，就会使我们的思维形成路径依赖。即使在后来的相处过程当中，无数事实证明之前的判断可能是错误的，我们也会忽略这些事实，而是选择那些能够印证我们原有判断的事实，并将其不断加深。

误解的产生，可能源于沟通不畅。职场之中，意见不合在所难免，有时大家甚至会为了一件工作的不同解决方案，争论得面红耳赤。意见不合得不到及时处理，就会让彼此在心理层面产生嫌隙。此时，对工作的不同观点，就会升级为人与人之间的矛盾，争论的重心逐渐由“我认为这件事应当这样处理”，转换为“你怎么偏要和我作对”。此时，对工作的意见不合便升级为对人的误解。

当然，误解的产生，也可能源于存在第三个人在中间挑拨离间。这样的中间人可能源于利益考量，想要替代你的位置，也可能单纯地就是心胸狭隘、报复心强。所谓“人言可畏”，你有口无心、似是而非的一句话，经过中间人的扭曲、发挥、传递，很可能演变为完全不同的意思。

解释，还是不解释

面对误解，人们通常有解释与不解释两种选择。去表达，去解释，可能导致对方嘴上说“没什么”，内心却不认可，甚至认为你“此地无银三百两”。不表达、不解释，你可能将误解郁结于心，使自己受伤；误解甚至会发酵，成为一种“标签”“魔咒”一直伴随你。解释或不解释，其实各有利弊，根据不同情况、不同个人，做出不同的选择，才是最佳的应对方法。

有些人性格内向、内心脆弱，面对误解不敢于表达自己的真实想法，宁愿选择沉默的方式自我压抑，也要避免冲突爆发的可能。这种面对误解刻意压抑自我的做法，可能导致畏缩、怯懦、逃避的心理，甚至诱发一系列心理疾病。对于这类人来说，学会表达，勇敢澄清误解，好过让误解在内心蔓延。

有些人内心十分强大，他们相信行动是最好的证明。误解不会伤害到他，他们也不屑于将时间浪费在解释误会上，而是倾向于将时间放在提升自我上面。“清者自清，浊者自浊”，掷地有声的成绩和时间的证明，终会使误解消散。对于这类人来说，不解释也是一种不错的选择。

有些时候，误解只是一些无关紧要的小事，无须多言。有些时候，对方根本不在意真相，即使你尽力辩白，也永远解释不清。面对这些情况，澄清解释是需要付出很多时间、精力成本的，但往往收效甚少，甚至毫无作用。职场之中，大多数误解都是一些鸡毛蒜皮的小事，免不了有人认为你付出不多却得到很多，认为你成绩不高却升职加薪，认为你刻意讨好领导，或者认为你有意与同事作对。对于这些误解，尽力澄清不一定收获什么，不解释也不会损失多少，不如选择不予理会。

有些误解可能对日常工作与生活造成困扰，甚至越拖令人越被动，并且不断蔓延，产生令人困扰的后果。例如，领导对你的忠诚度、诚信度产生怀疑；领导错误地将他人的工作错误记在你身上，对你进行批评、指责等。此时，解释是必要的，纵使不能使对方完全相信你是被误解的，至少表明你的态度，避免出现更大的误解。同时，在对方心中播下消除怀疑的种子，再通过行动进行验证，随着沟通与了解的深入，误解终会烟消云散。

如何不被误解伤害

误解可能带来烦恼、难堪等负面情绪，不仅可能使你的形象受损，甚至还可能对你的日常工作与生活造成切实的影响。面对误解，无论是否要做出解释，根本出发点与落脚点，都在于使自己少受伤害，甚至不受伤害。那么，应当如何不被误解伤害呢？

误解产生后，大多数人要么怒气冲冲、满腔愤恨，要么委屈满满、沉闷压抑。情绪会使你将对方置于敌对的位置上，如此，旧的误会不会得到解决，更可能有新的误会接踵而至。因此，面对误会，学会冷静是十分重要的一课。如果你想要对误解进行澄清，冷静能够帮助你对误解产生的原因形成清晰的认识，以便对症下药化解误解，不至于弄巧成拙，越描越黑。如果你不想对误解进行澄清，冷静也可以帮助你以宽阔的胸襟包容误解，理解对方的局限，达到“猝然临之而不惊，无故加之而不怒”的境界。

误解产生后，如果选择解释，应当注重表达的技巧。技巧一，在于“表达事实，而非宣泄情绪”。类似“我不是这样的人”“这件事真的不是我做的”等语言，是情绪宣泄的代表用语。情绪的宣泄无益于误解地化解，更可能激起对方的反感。而诚恳的态度及对真实情况的表述，才能达到消除误解的目的。技巧二，在于“证有不证无”。证明自己没有做过一件事是十分困难的，即使你澄清事实、陈述利害，对方往往也是不置可否的态度。较为容易的方式，在于让对方拿出证据。没有证据，捕风捉影的误解自然烟消云散；倘若对方给出证据，也可以对症下药，找到解决方案。技巧三，在于“选择好时机”。误解地化解应当注意合适的时机，情绪、心境的不同，对方对解释的接受程度也不同。例如，被领导误解时，在公开场合与领导针锋相对，或者在领导心情不佳时进行解释，显然是不明智的。私密的环境、良好的心情状态，更利于领导放下戒备，接受你的解释。

误解产生后，如果选择不解释，应当注重用行动予以证明。被人误解很正常，但并不总是理所应当的。误解发生后，可以不解释、不在意，但一定要在自己身上找找原因，看看自己的语言、行为，有没有为误解滋生提供土壤。古人说“瓜田不纳履，李下不正冠”，误解无法避免，但可以通过积极的措施进行事先预防，压缩误解生存的空间，降低误解发生的可能性。误解发生后，可以不解释、不在意，但一定要坚守自己的底线，提升自己的能力，用与误解截然不同的实际行动，证明你与被曲解的你并不相同。面对误解，选择不解释，不意味着对误解不闻不问。而是要挖掘误解生长的根系，并斩断它们；洞悉误解生存的环境，并改变它们。减少误解不仅仅是一种能力，更是职业精神的体现。

此外，要想不被误解伤害，“背后不抱怨，往事不重提”也是十分重要的一种策略。职场之中，误解的产生是一个大概率事件，其中许多误解都会通过沟通、实践等得到化解。对于已经化解的误解，耿耿于怀只会增加自己的内心负担，更不利于良好人际关系的维系。误解过后，不抱怨，不重提，既是放过对方，也是放过自己。

◇ 领导起冲突，你该怎么办？

职场之中，有时我们会面对这样的尴尬情况：A 领导命令向左，B 领导指挥往右，你夹在两位领导中间左右为难，左右为难。无论 A 领导还是 B 领导，都是你的领导，都应当服从；但两者做出截然相反的决策，服从一人就会违背另一人。面对这种情况，你该怎么办？

保持中立，避免介入矛盾

矛盾具有普遍性，在职场之中亦是如此。不同的领导拥有不同的个性特征、思维习惯、行为方式，面对同一问题自然拥有不同的处理方法，矛盾的存在在所难免。当矛盾出现时，不以个人感情好恶为依据做出判断，支持一边，反对另一边，而是保持中立的态度，不介入领导间的矛盾冲突。这既是一种职场伦理，也是一种职场智慧。

一方面，介入领导间的矛盾后，给其中一方站队即意味着反对另一方，难免要对另一领导的言行方式、处事习惯进行评判，甚至还会对其背后议论。无论是对领导妄加评论，还是站在领导的反面，都是不符合一个下属员工职场伦理的行为。另一方面，职场之中存在明确的角色分工，受到身份、地位的限制，下属对于领导之间存在的矛盾往往无法做出理性的判断，根本不了解矛盾的来龙去脉及症结所在，介入其中不仅无益于领导间关系的弥合，更可能加深领导间的嫌隙。同时，下属对于处理领导间的矛盾能发挥的力量其实十分有限，大多时候是无能为力的。相比于贸然闯入领导间关系的禁区、雷区，采取中立的态度显然是更加明智的。

面对领导间的冲突，较为明智的选择是遵循“等距”原则，既不靠左，也不靠右，维持均衡状态。好恶判断是每个人都难以避免的，但如果感情用事，因为与某一位领导更亲近一些，就旗帜鲜明地站到他的这一边，显然是十分不明智的。矛盾面前，应注意控制自己的情绪与喜好，在领导之间力求做到中立、客观。在工作中，同样地配合协助；在生活中，同样地维持关系；在思想状态上，同样地尊重服从。归根到底，坚持“一视同仁”的原则，不让其中任何一位领导认为你站在他的对立面。

同时，在语言上保持“沉默”。即使有人公开讨论领导间的矛盾，或者有领导在你面前讲到对另一位领导的不满，也不要参与其中，表示迎合或者反对。选择沉默，说说圆场话，或者索性找个借口躲开。总之，尽量避免公开表态、站队。一定要发表意见时，应尽量陈述事实，不要带上感情色彩。例如，当领导们对某一方案无法达成一致看法时，让你发表意见，你不妨立足工作本身，对方案进行陈述，或者寻求一种折中的方案。此外，对于领导之间存在的矛盾，即使自己有所了解，也一定要守口如瓶，不讨论，不传播。对领导间的矛盾进行讨论、传播，很可能使自己受到不必要的牵连与伤害，甚至同时招致矛盾双方领导的反感，将自己置于尴尬境地。

努力平衡，争取调和矛盾

大多情况下，领导间的矛盾不需要下属出面解决。作为下属，只需要耐心倾听领导情绪的宣泄，立足工作有分寸地表达意见，便足够了。但有时，下属有能力调和领导间的矛盾，出于对组织利益的考虑，可以尝试平衡领导之间的关系，争取调和矛盾。

有时，领导之间的矛盾是非原则性的，甚至不涉及具体的问题，仅是双方对彼此的看法有失偏颇，相互看不顺眼。此时，下属不妨充当一个“糊涂人”，模糊处理领导间的分歧，多多强调领导间的共识。对于不利于缓和矛盾的言论“有进无出”，多传递一些彼此友善的信息，多强调双方共同的目标追求等，起到“筑路”“架桥”的作用。在信息的传递上暗中努力，筛除情绪化的表述，求同存异，多传佳音，既不使自己直接介入领导间的矛盾，又有利于引导矛盾双方缓和关系。在讨论工作时，努力引导领导的注意力集中到工作本身，遏制对立情绪。必要时见机行事打圆场，或者主动为矛盾的爆发承担责任，维护双方权威，缓和冲突气氛。一般情况下，下属没有能力直接充当领导间关系的调解者，但拥有在日常沟通、交流中平衡、疏导领导间关系的能力，即使不能彻底消除矛盾，至少可以做到不让矛盾升级。

有时，领导之间的矛盾仅仅源于工作上的意见不合，并不存在其他的纠纷。在这种情况下，下属可以为领导提供更周全的信息支持，使领导自己发现考虑不周的地方。也可主动搭架沟通平台，如采用工作协商会等方式，为领导创造面对面的沟通机会。亦可以综合不同领导的观点，进行整合、折中，得出矛盾双方都可以接受的第三种方案。当然，还可以在工作之初，就未雨绸缪，对可能出现的不同意见进行预判，在方案制订时兼顾多方利益，将矛盾消灭在萌芽状态。

如果你与矛盾双方领导都十分熟悉，受到双方的信任，也可以主动承担穿针引线的任务，充当领导间的黏合剂。采用动之以情的方式，对领导的偏激认知进行劝解，解开彼此的误解之处，增加彼此的信任和好感，鼓励彼此化解矛盾、尽释前嫌。但这种直接的劝解，应当注意把握合适的“度”，尽量通过非正式沟通的渠道，采用缓和的方式。否则，不仅无法缓和领导之间的矛盾，更可能造成自己“两边不讨好”。

在调和矛盾的过程中，应当注意两条铁律。一是选择“软协调”。尽量采用暗示、引导、情绪感染的方式，缓和矛盾。切忌站上裁判员的位置，向领导讲规则、讲道理，告诉领导矛盾是错误的，努力合作、建立共识才是正确的。二是不要将矛盾扩大化。不要在领导面前飞短流长、搬弄是非，不要传播、讨论领导间的矛盾，对于领导间的矛盾分歧也尽量不要向更上级汇报。小矛盾内部协调为佳，矛盾达到危及组织利益的地步，你不向上汇报，上级领导对此也会心知肚明。调和矛盾，在于大事化小，小事化了，不要将小矛盾升级为大冲突。

从工作出发，对事不对人

大多数时候，领导间的矛盾不需要下属插手。下属能够调和，尽量调和；不能调和，至少要学会自我保护，不使自己成为领导间矛盾的牺牲品。较为稳妥的做法，是一切从工作出发，对事不对人。

当领导间出现矛盾时，可以从归属关系上判断，应当服从哪一方。你的日常工作划归直接领导管理，间接领导指导你的工作属于越级领导，更不要说那些与你的工作交集甚少的外部门领导。此外，直接领导与间接领导之间还可能并不存在矛盾，但间接领导在向你下达指令之后，又向直接领导传达了更新、更明确的想法到作为具体执行者的你这里，你便误认为两者之间存在矛盾。因此，从归属关系上进行判断，较为明智的做法是服从直接领导的指令。当然，在服从时也要注意技巧。例如，可以将间接领导给你的指令告知直接领导，将问题抛给他思考，再服从直接领导的指令。

除了从归属关系上进行判断之外，也要对矛盾本身的性质进行判断。例如，当其中一方领导明显危害组织的利益时，从工作出发，应当果断拒绝他的指令，无论他是你的直接领导还是间接领导。

6 chapter

借力打力

让领导
成为你的资源

在“职场小白”眼中，领导高高在上，掌握着自己的奖惩大权。一个好的领导，性格温和、脾气佳，多表扬、少批评，可以使自己在职场之中少受委屈。但在一个“职场达人”眼中，领导不只是一个裁判员，更是一种重要的资源。好的领导，是那些有能力、有意愿争取更多资源与项目的人。领导是职场中离你最近的人之一，也是最熟悉你且你最熟悉的人之一。学会借力打力，能够使领导成为你的资源，在领导的帮助下走好职场之路。

所谓领导，或许专业能力并不是最强的，但在工作经验、组织协调能力等方面总有优势。领导不会无缘无故成为领导，他肯定有你可以学习、借鉴的地方。领导，可以成为你职场前行最好的榜样。

作为领导，权限大，位置高，手握更多资源。有领导作为后盾，可以收获更多资源，许多困惑会迎刃而解，许多困难可以变为机遇。领导可以帮助你打开人脉圈，帮助你收获成长，完善工作，挖掘潜力，实现职业生涯的新突破。千里马也需遇伯乐，好员工也需领导的赏识与培养，才能出头。选择一个好领导，可以让你的职场之路步步为“赢”。

当代职场，“向下负责，向上管理”的思维和行为方式异常流行。下属员工早已不局限于服从领导指令的被动位置，而是要积极对领导进行管理。正向管理领导，意味着逆向管理自己，有利于与领导相互成就，共同成长。向上管理，根本目的在于支撑、帮助领导更好地完成工作，在领导更好地发挥其优势的同时，也利于自身工作的顺利开展。通过向上管理，实现与领导的相互成就，进而做好工作，促进与领导共赢关系的建立。

借力打力，让领导成为你的资源，是一种重要的能力。或许当你初入职场之时，会认为领导一无是处，甚至是你工作路上的“绊脚石”。但当你在职场之路上越行越远，回首望去，自己的行事风格、决策习惯之中，或多或少地都透露着领导的影子；你能力提升、职业晋升的每一步，都离不开领导的支持。

◇ 领导是最好的榜样

职场小白无论在工作技能上还是人际关系上都相对稚嫩，一不小心就会陷入萎靡或膨胀的情绪中，不能自拔。迷茫之时，不免希望有一个榜样能够照亮自己前进的方向。专业领袖、行业精英，这些当然是不错的人选，但大多时候，我们往往会忽略身边还存在着一个更熟悉、更亲近的人选，那就是自己的领导。职场之中，没有比向领导学习更实用、更快、更有效的方法了。领导，正是职场之中最好的榜样。

发掘榜样的力量

领导是职场中离你最近的人之一，但由于能力、经验差距，加之领导权威，常使近在眼前的领导看起来高高在上，可望而不可即。如果你拥有一个强势而出色的领导，不要认为他离你很远。

纵使现在的你与领导之间存在较大差距，只要将领导作为榜样，经过不断的努力与锻炼，你们之间的距离终会越来越近。

在心理学中，皮格马利翁效应告诉我们，人会不自觉地接受自己喜欢、钦佩、信任和崇拜的人的影响和暗示，终会变成自己向往的样子。在古希腊神话中，皮格马利翁是塞浦路斯一位擅长雕刻的国王，他倾注心血雕刻了一位梦中的少女，这座少女雕像最终拥有了生命，并与皮格马利翁终成眷属。后来，人们将这种强烈的期望变成现实的现象，称为“皮格马利翁效应”，期望与赞美能够创造奇迹。皮格马利翁效应产生的根本原因，在于人们其实在很大程度上，并不清楚自己想要什么，而是要依赖社会或者自己尊敬、信任的人对自己的期望，刻画自己的内心需求。于是，当你将领导作为自己的榜样时，领导对你的期望，便成了你行动的方向；领导拼搏的路径，便成了你职场之路的参考。榜样的力量促使你不断靠近领导，向领导学习，终有一天你会发现，领导不再那么可望而不可即，甚至在某些方面，你已经比领导更加出色了。

将领导作为榜样，要遵循一个“看”字。发现领导的能力与优势，观察领导“怎样处理工作”“怎样解决问题”“怎样与人交往”，思考“如果我是他，我会怎么做”。在观察与思考中，领悟“领导之所以为领导”的秘诀。同时，遵循一个“行”字。在具体行动中，对观察与思考得到的收获进行实践，验证这些经验用在自己身上是否有效，进而找到适合自己的职场秘诀。毕竟你与领导在性格特征、行为习惯等方面都可能存在不同，对领导行为方式、工作技巧的照搬照抄，很可能造成严重的水土不服。学习领导可以帮助你开阔视野、拓展思路，但适合自己的才是最好的选择。此外，将领导作为榜样，要遵循一个“恒”字，向领导学习不在一朝一夕，需要对日常工作、生活的细致观察与思考，并在持之以恒的工作实践中进行磨砺。草草一览，便认为自己学会了领导之道，实际却只是学到一点皮毛，形似而神不似。

将领导作为榜样，向领导学习，归根到底还是充分汲取领导的优势，并内化为自己的特色，促进自己更好地成长与发展。可以模仿领导，但如果一举一动、一言一行，都按照领导的样子去做，不仅无法学到领导的精髓，更可能招致领导的反感。可以崇拜领导，但不要因此对领导刻意讨好、言听计从。将领导作为榜样并不能改变你下属员工的身份，将榜样的力量运用于日常的工作当中，通过向领导学习实现自我提升，才是最佳选择。

向领导学习

很多职场人认为自己的领导并没有那么出色，甚至很多地方都不如自己做得好，不配成为自己的榜样，其实不然。职位的高低固然有运气的成分，但更多地取决于一个人的能力与经验。领导当然不是完人，也拥有自己的不足之处，拥有自己思维、行动的惯性和局限性。但领导之所以为领导，一定不是一无是处的，而是拥有某些突出能力的。与其盯住领导的不足之处不放，不如将领导作为榜样，积极向领导学习，这样对于自己的职业生涯才更有价值。

向领导学习，提升专业能力。工作能力是每一个职场人的立身之本，是职场生涯中必须具备的技能。每一个岗位都拥有其自身的技能与技巧，依靠自己从无到有进行探索，往往费时费力，甚至容易步入歧途。而领导有着多年专业领域的经验，在工作中拥有自己的思维模式、话语体系、行为范式，洞悉诸多工作技巧，甚至行业潜规则，是一个优秀的学习对象。领导可以在工作中给予你建议与指导，在解决工作困境、走出职场迷茫期等方面提供帮助。当然，大多时候领导并不会主动将工作的经验倾囊相授，你除了通过及时汇报工作，积极交流工作中遇到的问题等方式向领导求教之外，更要依靠对领导言谈行事的观察、琢磨，主动发现领导是怎样思考、怎样工作的，并内化为自己的工作之道。所谓“听其言、观其行、得其益”，便是如此。

向领导学习，培养工作热情。热情是事业有成者的内在驱动力，是一个职场人对自己职业认可与追求的表现。大多数领导会保有对职业的热情，特别在创业型领导中，这种热情尤为明显。

通过与领导的接触与交流，不难发现其对工作的热爱，而这种情绪是可以传染的，足以激励下属员工以更好的状态，投入到工作当中。对工作的热情使领导更重视责任与担当，在领导身上，可以学到如何平衡个人、集体、社会关系，如何对自己、组织、他人负责。对工作的热情使领导更具面对挫折、困难的能力，领导的阅历往往较为丰富，遇到的挫折也更多。从领导身上，可以学到如何保持良好的心态，如何将困境变成机遇。

向领导学习，强化全局意识。领导职位较高，视野也越为开阔，看问题的角度自然不同于普通员工。领导职位越高，距离组织决策核心越近，对组织核心价值、目标认知越清晰。以领导为榜样，有利于建立领导思维，不再将目光局限于自己正在完成的工作本身，更多关注组织的目标、发展，及自身工作在组织中的位置。由此，可以使眼光更加敏锐，目标更加明确，对职场之路的定位更加清晰。较高的位置还决定了领导要更多地从宏观着眼，观察、思考问题，更注重对不同资源的整合能力。以领导为榜样，可以帮助自己更好地发掘、应用身边的资源，学会运筹帷幄，优化资源配置，获得整体最优解。

如果能够学到领导者的精髓，不仅有利于把握领导的本质，读懂领导；还有利于提升自我，为职场生涯开辟捷径；更有利于提前了解如何成为一个好领导，如何管理他人，为成为领导做好准备。

◇ 打开职场人脉圈

人脉是一种特殊的资本，在职场中表现出特别重要的价值。“所有的资源都掌握在人的手里，整合资源就是整合人”，从与物打交道到与人打交道，是职场发展的一般路径。打开人脉圈，是帮助自己迅速受到行业圈接纳的一条捷径。无论从事何种岗位，往往都需要在建立优秀人脉上投入时间与精力。而心理学研究也证明，当人们评判一个人时，往往会把群体印象投射到个人身上。因此，多找那些人缘好、位阶高的人互动，对职场发展十分有益。职场小白初入职场，往往认识的人不多，站在圈外无所适从。领导是一把打开高端人脉圈的钥匙，帮助你在职场中走得更加顺利。

将领导变成你的人脉

成功的职场人背后，往往不缺少优质人脉圈的支撑。优质人脉圈可以创造机遇，能在求职、加薪、升职等职场发展的各个阶段发挥作用。职场之中，大多数中高级岗位都是以推荐为主的，足以看出优质人脉的重要作用。可以说，人脉是职场生涯的最强助力。

每个人的人脉圈，都始于对身边人的挖掘、积累，再逐步拓展到更大、更高端的范围。亲人、同学、同事、领导等，都是初始人脉圈的重要组成部分。这些人离你的距离最近，沟通成本最低，关系也最稳定，是交往性价比最高的一群人。由于熟悉和了解，这些身边人构成的人脉圈，往往最牢固、可靠，最能为你提供切实的帮助。领导作为其中的一员，与你所从事的行业直接相连，与你的当前工作及未来发展联系紧密，即使在你脱离组织之后，依然可以作为无形资产发挥作用，是人脉拓展的最佳人选之一。

当然，你可能会说，即使是基础人脉，也拥有太多选择。更不用说在步入职场之后，一场会议、一次合作、一个论坛，都可能帮助你认识成百上千的人，领导在他们中间，似乎也没有那么特别。其实不然，认识不代表人脉。你的通讯录中，可能储存了成百上千的人名与号码，但其中究竟有多少可以利用的资源，实在有待商榷。信息社会，使我们习惯于“结交朋友”，但大多数“朋友”只是手机中的一个号码，久而久之甚至都忘记了他的真实身份。企业管理中，拥有一个著名的“二八定律”，20%的产品带来80%的利润，20%的骨干创造80%的财富。这一理论，同样适用于人脉圈的拓展中。结交关键和重要的人，将他们发展为人脉的一部分，对于优质人脉圈的建设至关重要。

管理大师德鲁克曾做过一个形象的比喻：“清理你的人脉，就像清理你的衣柜一样，将不合适的衣服清出衣柜，才能将更多新衣服放入衣柜。”我们会结识很多人，但其中大约只有20%值得投入时间与精力，将其发展为人脉。只有不断地认识那些能够帮助和改变你的人，才能构建高质量的人脉圈，而领导无疑是这重要的20%之一。领导往往拥有丰富的行业工作经验，以及为人处事的经验，且在某些方面拥有突出的能力，值得去挖掘、去学习。同时，领导在职场关系中充当你的上级，掌握加薪、升职等大权。让领导变成你的人脉，无疑是十分必要、十分重要的。

职场中有句话叫“跟对人很重要”，领导是职业生涯中的一笔财富，关键看你能否运用得好。调查研究显示，在公司的中高层中，有90%受到过领导的重点培养；总经理岗位以上的人中，有85%受到过领导的提携。由此可见，领导在职场生涯中的重要性。跟对人，进而可以走对路，做对事。学会“借力”领导这个超级资源，有时比工作努力更重要。

将领导变成人脉，可以帮助你少走弯路，学到更多。当职场小白进入一个新的工作环境时，往往需要一个前辈带领你熟悉环境，帮助你迅速明确关键人、关键点，迅速进入工作状态，领导往往充当这样一个角色。即使你逐渐告别“职场小白”，步入“职场达人”行列，领导作为行业前辈，在经验与能力上也往往存在胜于你之处。在领导的指导下，你能够对行业、对人、对工作拥有更深入的认识，让自己进步更快，收获更多。相比于自己慢慢摸索，拥有领导的指导与支持，无疑是一条捷径。

将领导变成人脉，可以帮助你收获更多，走得更远。一个优秀的领导能够指导下属快速成长，使你的努力成效倍增。其能将优秀的下属从基层队伍中挖掘出来，给予经验、资金、平台等方面的支持，使其充分施展自己的才能，充分发挥自己的潜力。能够培养下属对所在行业更深的认识与体会，让下属开阔眼界，增强体悟，职场之路走得更稳、更远。一个优秀的领导能够成为你职场上的“贵人”，甚至助你少奋斗数十年。

挖掘领导背后的人脉

美国推销大师乔·吉拉德在商战中总结出了著名的“250定律”：“每一位顾客都是独立的个体，但又不独立。在每一位顾客身后，大约会有250名亲朋好友。如果你赢得了一位顾客的好感，就意味着赢得了他身后250个人的好感；反之，如果你得罪了一名顾客，也就意味着得罪了他身后的250名顾客。”这一理论在职场人脉圈中同样适用，和“250定律”中的顾客一样，领导不仅是一个独立的个体，他背后也拥有错综复杂的关系网，以及资源丰富的人脉圈。

作为领导，越是身居高位，其人脉资源越是丰富而优质，不仅包括同行、商业伙伴，更包括相关领域的精英及专业人士。于是，将领导发展为人脉的一部分，不只意味着你结交了领导这一个人，更意味着你拥有了更多结识领导背后优质人脉资源的机会，让你达到事半功倍的效果。

要想挖掘领导背后的人脉，势必先与领导建立良好的关系，使领导成为你的人脉。当领导成为你的人脉之后，便有机会带你参加一些会议、论坛，甚至邀你参加一些行业聚会，主动向你介绍一些合作伙伴，或者将你引荐给他的朋友。拥有领导这一“中间人”的帮助，不仅会使你与更多原本陌生的人建立联系，更会形成一种信用传递，“领导介绍”的身份会为你增值不少，为你人脉圈的拓展提供诸多便利。而你与领导的关系越紧密，领导越乐意将他的人脉与你共享，你的人脉资源也越丰富。

通过领导的“牵线搭桥”，你能有幸结识他身后的人脉，但这些人与你之间往往不存在信赖和亲密关系，而是处于一种建立在不同圈子连接中的弱关系状态。如何有效利用这些弱关系，甚至将其发展为一种强关系，则是一门学问。一方面，由于处于相对弱势，你在这段弱关系的维护中应当更加主动些，有勇气、有策略地与其主动进行沟通、交流，多制造共同话题，深入挖掘合作的可能，深化彼此联系。另一方面，以真诚打动人。通过价值衡量、彼此利用建立的人脉，是不健康的，也是难以持续的。成功需要人脉，而人脉的维系依靠真诚。正如日本推销之神原一平所言，“像爱自己那样爱别人”，这才是确立人脉关系的真谛。

努力把自己变成领导的人脉

领导是打开职场人脉圈的一把钥匙，但维系人脉的核心在于你自身的价值。如果自己实力不足，即使再苦心经营，也毫无用处，甚至领导也会离你而去。真正的人脉，是建立在“有用”的基础上的。

美国著名社会学家霍曼斯在他的“社会交换理论”中指出：任何人际关系，在本质上都是交换关系。那些能够为我们提供最多报酬的人，是对我们吸引力最大的人。因此，如果你想长期让领导作为自己的人脉，甚至挖掘其背后的人脉，便应当努力提升自身的可交换价值，把自己变成领导的人脉。

想要提升自己的可交换价值，可以从提升自身价值与放大可交换系数两大方面进行努力。可以从特征、背景、发展方向等维度，选择合适的价值提升切入点及侧重点，不断提升自身能力。当你能够为领导、为组织创造更大价值时，领导自然会乐意与你建立人脉关系。同时，积极与领导构建信任关系，不追求一时一刻的等价回报，做好免费付出的准备。当你成为领导不可或缺的人，你与领导间的人脉关系自然会密切而牢固。

◇ 向上管理，相互成就

职场之中，管理的思维定式在于：领导向下管理，员工向上负责。职场人时常会忽视，作为员工，应当具备向上管理领导的能力。向上管理在实现对领导的正向管理的同时，也实现了对自己的逆向管理。领导与员工相互成就，在更好地发挥领导优势的同时，促进员工自身的成长与发展。

帮助领导，就是帮助自己

大多数职场人对于领导的认知都十分简单，遇到优秀的领导就选择“跟着干”，若遇到不满意的就索性离开。而大多数时候，领导都不是我们选的，而是组织选的。由于领导是受到组织信任的人，作为组织内成员，你所拥有的唯一选择似乎就是服从。其实，还有一种选择常常被职场人忽略，那就是向上管理，帮助发挥领导优势，同时也是帮助自己。

彼得·德鲁克曾说过："工作想要卓有成效，下属发现并发挥领导的长处是关键。"帮助领导把擅长的工作做到更好，对其不擅长的工作则积极代劳，通过帮助领导，你与领导之间建立了良性的优势互补关系，领导会更加信任你、依赖你，其拥有的资源也会自然而然向你倾斜。而在帮助领导的过程中，你也成功锻炼了自己。或许一开始你只是为了帮助领导，让领导满意，获得领导的信任，但最终你会发现，认真负责的态度最终帮助你成长为自己满意的样子。帮助领导，就是帮助自己。

帮助领导，在于辅助领导制定决策。制定决策是领导重要的职能之一，但领导有时难以独立做出决策，甚至可能做出错误的决策，此时，下属员工的辅助决策功能便体现了出来。依靠不同的视角、专业的知识、工作实践的经验，你的决策建议或许会令领导茅塞顿开。但应当注意，下属员工在提供决策建议时，应当站在领导的角度，使领导感受到你的观点是基于组织或领导的利益，而不是自身的利益，这样他才更乐于接受。同时，下属员工要始终站在辅助决策的位置，虽然其拥有建议权，但最终的决策权始终掌握在领导手中。

帮助领导，在于支持领导解决问题。领导也会遇到难以解决的问题，即使这些问题通常不会主动说出口，却不可否认是客观存在的。要想帮助领导解决难题，首先应换位思考，了解领导当前最关注哪些事情，哪些难题正在或者将要对他造成困扰。聪明的下属会主动发现领导的难题，并将其作为自己的难题，尝试提出多套解决方案，供领导选择最优解。如果你在提出解决方案之后，还能跟踪执行，并将执行的结果进行及时反馈，则会在提升自身做事能力的同时，更令领导刮目相看。

帮助领导，在于协助领导行使管理职能。管理是领导的基本职能之一，既包括管理人，也包括管理事。在管理人方面，下属可以帮助领导承担指令传达、关系协调等工作。在管理事方面，下属应当主动帮助领导节省时间，不仅要做好本职工作，更要对工作的过程进行及时反馈，用量化的结果把领导关注的要点一一呈现出来，使领导不仅了解工作的结果，更对过程中关键点的形成有所把握。

帮助领导，在于助力领导找补不足之处。领导也是普通人，也存在不足之处。所谓找补，就是发现领导做不到的地方，用你的长处弥补领导的短处。如果领导性格谨慎，你就要在创新力方面推他一把。如果领导比较粗线条，专注宏观方向把握，你就要在防止疏漏、将宏观决策落到实处等方面下功夫。助力领导找补不足之处，才能与领导实现“1+1>2”的效果。

总之，希望职场之路顺遂、平坦，只依靠自己的努力是不够的，更要通过帮助领导，实现持续、深远的发展。管理是一个双向的、动态的、不断调整的过程，下属不应该只接受、服从领导的管理，更应当主动行动起来，对领导施加影响，向上管理，相互成就。

相互成就，和谐关系的建立

职场之中，大多数领导都是不完美的，甚至有些领导不仅不会为你带来帮助，反而会阻碍你工作的推进。面对这种情况，消极的员工会得过且过，甚至索性选择离开。但积极的员工，会从中看到机遇，通过向上管理帮助领导获得提升，同时推动自身工作顺利地开展，建立和谐的工作关系。

所谓和谐的工作关系，就是领导与下属作为“共同体”的关系。两者同为组织中不可替代的一部分，需要相互配合、彼此协作，谁也离不开谁。由此，领导不再是高高在上，下属也并非一味服从。下属需要领导的培养、关注、关怀，领导也需要下属的理解、体谅、支持，彼此之间都要做到真诚、信任，不低估对方的力量，不让对方难堪，不使对方陷入困境。双方必须明确彼此的职责，采用彼此都能够接受的形式处理问题、交流看法，形成相互依赖的关系，共同推动组织工作的顺利开展。

和谐的工作关系，意味着了解彼此的角色定位。你了解你的领导吗？你了解真实的自己吗？和谐关系的构建，第一步在于彼此了解。要读懂你的领导，了解领导的性格特征、行为习惯、管理风格、目标追求，才能明确领导的优势与弱势，探索与领导的相处之道，进而通过最易于接受的方式，发挥领导的长处，找补领导的不足。要读懂自己，明确自己应当做什么、能够做什么，才能使自己真正成为一个能够解决问题的人，才能走好职场之路。

和谐的工作关系，意味着给予彼此安全感。鼓励、重视、薪资提升可以使员工收获安全感，但一般职场人容易忽略，领导也需要安全感。和谐关系的构建，不仅需要领导给予员工足够的安全感，更强调员工给予领导安全感。当员工自作主张，甚至公开与领导唱对台戏时，领导会感觉失去了对现实状况的控制力，进而产生强烈的不安全感。而要给予领导安全感，服从领导的指示、及时汇报工作进程等做法，都是不错的选择。

和谐的工作关系，意味着满足彼此的期望。彼此期望，对于彼此间能力的提升拥有至关重要的作用。多数情况下，彼此间的不理解与失望，会使关系趋于恶化。员工对领导通常抱有薪资、关怀、成就等多方面的期望，而美国管理学家肖恩·贝尔则通过研究证实，领导对员工也拥有沟通、服从、支持、努力、态度、成果等多重期望。正如不同的员工对领导的期望点可能存在差异，不同领导对员工的期望点也并不相同。构建和谐的工作关系，意味着领导与员工要明确以及满足对彼此的期望，并不断增加期望，进而提升满足期望的能力，实现正向循环。这种状态一旦能形成，领导与员工就会成为彼此的参照，在满足彼此的期望中相互成就。

◇ 做好工作，实现共赢

无论向上管理还是向下管理，归根到底都是为了做好工作。职场之中，领导和员工拥有一个共同的目标，就是做好工作，创造良好的业绩，推动组织向着更好的方向发展。因此，作为员工，不仅要做好自己的工作，还要帮助领导做好工作。如果你能够把领导的困难当作自己的困难，把领导的需求当作自己的需求，帮助领导创造成就，领导也必将回报你以成效。由此，形成你自己、领导、组织的多方共赢。

做好自己的工作

想要让领导成为你的资源，势必要赢得领导的认可；想要帮领导做好工作，势必先做好自己的工作。当你用你的专业知识证明自己，用你的个人魅力影响他人时，你才会成为领导眼中那个值得信赖的下属，领导才会听取你的意见，接受你的帮助。当你能够为领导创造价值，领导才可以给予你更多展示的机会，并回馈给你更多更优质的资源。如此，领导与下属之间的联系更趋紧密，工作也会更趋高效。而这一切的起点，都在于做好自己的工作。

做好自己的工作，意味着明确自己该做什么、会做什么、好做什么。明确该做什么，在于明确自己的岗位职能，清楚自己应当具备的能力、应当承担的责任，做到有目标、不越界。明确会做什么，在于明确自己的能力，明晰奋斗的方向与空间。明确好做什么，在于明确自己的特长，找到自己适合的岗位及工作方式。当然，最理想的状态莫过于自己“该做”“会做”“好做”的是同一份工作，如若不然，则须努力将该做的工作做会、做好。

做好自己的工作，意味着将工作执行到位。所谓“到位”，就是指领导对工作的满意度达到甚至超过预期。若想将工作执行到位，便要做到了解领导的预期，并找到解决问题的路径。“到位”两字说起来简单，做起来却并不容易，特别是在工作遭遇困境的时候，人们很容易产生懈怠、逃避心理。要将工作执行到位，既需要读懂领导，又需要强化使命，更需要练好内功，最终将困境变成机遇。

做好自己的工作，意味着主动承担更多工作。所谓“能力越大，责任越大”。要将工作做“好”，势必不能被领导布置的任务限制，而要拥有更大的追求。做好工作者以工作为本，往往不计较个人得失，而是将心思投入到如何更好地完成工作上。因为渴望将工作做好，他们会主动挖掘更多对组织发展有益的事项，积极承担更重要、更困难的工作，探索自身成长的空间。进而，在工作中取得成就，在工作中收获成长，实现良性循环。

做好自己的工作，意味着对原则的坚守。做好工作者不会随波逐流，而是有原则、有底线、有坚持。无论可以为个人带来多大利益，危害组织发展的事情坚决不去做，触及道德底线的事情绝对不会做，有悖专业常识的事情努力抵制做。有原则、有底线，使忠诚不会变成愚忠，服从不会变成盲目顺从，更能收获领导的信任，也能将工作完成得更好。

帮领导做好工作

帮领导做好工作，是向上管理的重要表现。同时，这也是一种“哪里需要哪里去”的补位行为，表现了工作中的责任与担当，以及对组织利益的关注与负责，与做好自己的工作一脉相承。

帮领导做好工作，意味着读懂领导。了解领导的性格、风格、需要，踏准领导的节拍，才能明确领导什么时候需要帮助、需要哪些帮助、乐于接受怎样的帮助，才能真正帮到领导。

帮领导做好工作，意味着忠于领导。忠诚是最重要的职场品质，也是领导信任的源泉。唯有忠诚才能使领导卸下防备，将自己的短板暴露出来，接受你的帮助。当然，忠诚也需智慧，言听计从固然是一种“忠”，却无法将工作优质完成。

帮领导做好工作，意味着尊重领导。无论帮助领导完成多少工作，领导依旧是领导，拥有领导的职责、义务与权威。尊重领导，意味着尊重组织对领导的授权。尊重领导的决策权，不代替领导做决定；尊重领导的知情权，对工作的进度进行及时的汇报；尊重领导的代表权，不与领导争功。

帮领导做好工作，意味着引导领导。领导之所以做领导，是因为组织的信任、授权，但他也会犯错误，甚至可能不够专业。此时，你的专业与能力可以很好地发挥作用，引导领导做出正确的决策，帮助领导走出工作中的困境。由此，也将你与领导迅速连接在一起，让彼此进入互相信赖的阶段，实现职场共赢。

实现职场共赢

向上管理不是一场你与领导之间的攻防战，而是实现你与领导共同提升的新路径。当你与领导都获得提升时，整个组织的力量也会相应得到提升，组织工作得以更好开展，最终就能实现个人、领导、组织的三方共赢。当然，这种职场共赢的实现并不简单，需要领导与下属员工的共同努力。因此，领导与下属之间的完美沟通便变得尤为重要。

尊重与沟通是建立良好关系的基础，对于职场共赢关系的建立也是如此。只有沟通，才能使领导与下属彼此了解，在工作内容上相互配合，在工作方式上取长补短，在工作资源上共创共享，在工作成就上实现共赢。完美沟通的形成，需要领导与下属双方秉承积极的沟通态度，将沟通阻力最小化。如果一味地害怕领导、逃避领导，良好沟通关系将永远无法形成。同时，需要双方真诚地对待彼此，将心比心换位思考，主动为对方着想。试想一个一心为自身利益着想，经常令领导难堪的下属，如何与领导建立互信，如何实现沟通？此外，在沟通中分享彼此的期望，是强化沟通关系的重要方式。开诚布公地分享期望，有利于双方相互了解，共同进步。当然，沟通关系也是需要磨合的。长时间的磨合能够使领导与下属找到最适合彼此的沟通方式，实现完美的沟通。

完美的沟通通常包括“发送信息—接收信息—反馈信息”三大环节。只有这三个环节都做好才能形成一个完整的闭环，其中任何一个部分出现问题，都可能导致误解的发生，使沟通陷入困境。在发送环节，应当保证自己表达的内容足够清晰、准确。例如，员工向领导汇报工作时，应先行厘清思路，找出汇报的重点、要点，并尽量采取简明扼要的语言，量化的表述方式，使内容清晰、准确。在接收环节，应当准确理解对方信息的内涵，抓住重点。还是以员工向领导汇报工作为例，员工在汇报工作的同时，应当认真倾听领导提出的问题，及其对于工作的最新指示，通过领导零散的提问与指令，明确领导对现阶段工作的评价，以及对未来工作的期望。在反馈环节，应及时回应，形成良性互动，不让沟通成为一方的独角戏。

完美沟通推动互信关系建立，共同推动组织工作更好、更快完成。此时，领导与下属虽然在能力上各有千秋，地位分工上也不相同，却可以相互促进，共同成长。此时，最容易犯的错误莫过于因迅速成长而膨胀，认为对方的存在只是一种拖累，自己没有对方会更有成就。所以，很多员工在工作一段时间后，便认为自己的能力远胜于领导之上，进而选择跳槽。跳槽有风险也有收获，越跳越高还是徘徊不前因人而异，但不能因此否定领导给予你的帮助。职场不大，如果因自我膨胀而选择跳槽，你将不断在不同组织之间徘徊，失去信誉。因此，即使选择跳槽，也要感恩领导曾经对你的付出。如果选择留下，更应深化与领导间的互信关系，在互信中实现共赢。

图书在版编目（CIP）数据

向上管理：与你的领导相互成就 / 萧雨著 . -- 南
京：江苏凤凰文艺出版社，2019.6（2022.4 重印）
ISBN 978-7-5594-3595-8

Ⅰ . ①向… Ⅱ . ①萧… Ⅲ . ①管理学 - 通俗读物
Ⅳ . ① C93-49

中国版本图书馆 CIP 数据核字 (2019) 第 072996 号

向上管理：与你的领导相互成就

萧雨 著

责任编辑	刘洲原
特约编辑	郑淑宁 申惠妍
装帧设计	原 色
责任印制	刘 巍
出版发行	江苏凤凰文艺出版社
	南京市中央路 165 号，邮编：210009
网 址	http://www.jswenyi.com
印 刷	天津雅泽印刷有限公司
开 本	880 毫米 ×1230 毫米 1/32
印 张	7.75
字 数	200 千字
版 次	2019 年 6 月第 1 版
印 次	2022 年 4 月第 6 次印刷
书 号	ISBN 978-7-5594-3595-8
定 价	39.80 元